RODICA ELENA LUPU

MISTER

Mister

Autor: Rodica Elena LUPU

Tehnoredactare: Rodica Elena LUPU

Editor: Ioana L. ENE

Prima Ediție a apărut la Editura ANAMAROL, București, 2012, Editor Rodica Elene Lupu

ISBN: 978-1-936629-34-3

COPYRIGHT 2015 © REFLECTION PUBLISHING

Reflection Publishing. P.O. Box 2182

Citrus Heights, California 95611-2182

E-mail: info@reflectionbooks.com

www.reflectionbooks.com

Tiparită în Statele Unite ale Americii

Poetă și prozatoare de succes, doamna Rodica Elena Lupu se prezintă cititorilor ca o creatoare de inspirație contemporană, tratând – cu har și îndrăzneală – o serie de teme interesante, dând o atenție aparte iubirii și aspectelor psihologice ale acesteia.

Romanele sale abordează relații mai deosebite dintre cupluri și grupuri umane, tratându-le cu bună pricepere, reușindu-i profunde analize psiho-sociale, cu care își captează cititorii. Aici s-ar așeza romanele: "Puterea destinului", "Jocul de-a viața", „Clipe în doi", „Iubire, tu", „Dincolo de timp" „Glasul inimii" - un fel de saga românească - aflat la a doua ediție; tot în acest spațiu se pot situa titlurile: „Mâna destinului", „Eterna poveste", dar și romanul „Mister", scris alert, cu o subliniată tentă polițistă, ce se poartă atât de mult azi în proza contemporană, demn de un bun scenariu de film.

Scriitoarea Rodica Elena Lupu este și un excelent editor, conduce casa de editură „ANAMAROL" cu o susținută producție de carte; la bogata-i activitate se mai adaugă și cărți pentru copii, precum și susținuta-i muncă de om de radio; avem așadar un profil exemplar al omului-cultural, atât de necesar timpului de față.

Cu prietenie și aleasă prețuire colegială scriitoarei de chip ales Rodica Elena Lupu, spre o permanentă înnobilare prin iubire!

Radu CÂRNECI
Poet, eseist, traducător, critic literar

Nenorocirile vin cu carul și pleacă cu fărâma.

Cu cât viața trece, cu atât o iubești mai mult. Cum de nu-ți dai seama, omule, că nu faci altceva decât îți lingi degetele de pe urma unui fagure de miere, care ți-a stat o clipă în mână și n-ai fost în stare să-l păstrezi?

Și totuși, se mai pot întâmpla și schimbări! În viața oamenilor sunt și schimbări...

Fiindcă ce e viața la urma urmei? Ce e la urma urmei viața, decât tăcere și agitație și din nou tăcere?... Întreaga viață a omului nu e decât un joc care te atrage și uneori te amuză, făcându-te să riști și pe urmă plătești...

Viața?! Nimic mai simplu, viața este clipa ce desparte nașterea de moarte! O clipă pe care omul n-o știe, n-o vede, n-o ia în seamă, uneori o cheamă sau o blesteamă, atunci când devine fior o scrie, o cântă, o poartă ca pe propria-i soartă. Atenție dar, clipa nu este har ci e drum sau hotar!

* * *

„Azi Ligiu mi-a spus că uneori are impresia că sunt împotriva lui. Nu-mi dădusem seama, dar poate că are dreptate. Întotdeauna am fost de partea lui, dar acum nu mai știu. Ce înseamnă să fiu de partea lui? El continuă să mă rănească, să mă mintă, ceea ce face să am multe îndoieli. Dar, dacă am ajuns aici, e și vina mea. M-am lăsat convinsă, am avut încredere, când n-ar fi trebuit să-i permit să cumpere un copil. Dumnezeule! Mi-aș fi dorit așa mult să am un copil! Îl voiam pentru mine, pentru că, dacă eram mamă, m-aș fi simțit împlinită ca femeie. Îl voiam și ca să îl fac fericit pe el, să-mi întemeiez o familie cu el. Dar când mă gândesc cât mă imploră mama lui să-i înapoiez copilul, îmi dau seama... Nu pot justifica ceea ce am făcut. Fericirea nu se poate cumpăra. Cu atât mai puțin, cu prețul nefericirii altora. Poate că, dincolo de dragostea pe care eu și Ligiu o simțim pentru băiețel, e un mare egoism."

Eliza închide jurnalul și intră în camera copilului care doarme liniștit. Strânge încet într-un geamantan și într-o sacoșă mare toate hainele și jucăriile pe care ea și Ligiu le-au cumpărat, apoi pe rând le duce în hol.

Se întoarce, se așează pe un scaun în fața pătuțului și cu lacrimi în ochi îl mângâie pe băiețel pe frunte. Copilul deschide încet ochii și o privește zâmbind, apoi adoarme din nou.

„E greu și simt că mi se rupe inima, dar nu pot să fac altfel."

* * *

În fața unui bloc, ce arăta de parcă ar fi fost după bombardament, Eliza îl roagă pe taximetrist să oprească. Ia copilul în brațe, pune sacoșa pe umăr, iar cu mâna stângă ia geamantanul și se îndreaptă spre intrare.

Tencuiala căzută și urmele de apă înfiltrată în pereții de sub geamul care indică locul în care se află la fiecare palier baia o face să suspine.

În lipsa liftului, urcă cele patru etaje. Pe coridorul lung, nici măcar nu zărește ușile, de număr nici nu se mai pune problema. Întrerupătorul a fost smuls de multă vreme, așa că, de becuri nici nu poate fi vorba, iar mirosul combinat al zecilor de bucătării e insuportabil.

„Doamne, ce condiții! Până și animalele trăiesc mai bine în multe locuri. Unde o fi numărul 83? Dacă sunt douăzeci de garsoniere pe un palier, înseamnă că trebuie să fie a treia ușă, calculează ea repede în gând. Dar pe care parte? Ar fi trebuit să intru la parter și să văd de unde, de pe ce parte începe numărătoarea. Ce-o fi o fi. Sun la a treia ușă pe stânga" își spune ea, dar nu dă de niciun buton și bate ușor în ușă.

Ușa se deschide și în prag apare o femeie slabă și palidă, la vreo douăzeci și ceva de ani, urmată de un băiețel cam de doi ani căruia îi curgea nasul. Femeia se apleacă și îl șterge cu mâneca de la cămășuța care-i atârna peste genunchi.

   -Pot să intru?

   -Sigur. Intrați. Luați loc.

   Eliza lasă jos geamantanul și își face cu greu loc să treacă prin holul îngust cu copilul în brațe și cu sacoșa cu haine pe umăr. Ajunge în camera mică și sărăcăcioasă unde pe masă într-o farfurie mai erau câteva resturi de mâncare și un pahar cu puțin lapte.

   -Am venit să vă dau înapoi băiețelul.

   Cu ochii scăldați în lacrimi, femeia ia repede copilul și-l strânge la piept.

   -Dumnezeule! Raul al meu, iubitule! Mulțumesc din tot sufletul! Bună, scumpule! Știam eu că dumneavoastră și soțul dumneavoastră sunteți niște oameni cumsecade. Dragul meu, îl sărută ea pe copil.

   -A fost ideea mea. Soțul meu nu are nicio legătură.

   -Cum, nu știe?

   -Am profitat că a plecat devreme, și l-am adus.

   -Doamne! Ce va face când va afla?

   -Nu vă faceți griji pentru asta. Mă descurc eu.

   -Dar m-a amenințat, a zis că va face să-mi fie luați copiii la Tribunal. Nu doar Raul, ci și Delu, îi spune ea cu lacrimi în ochi, arătând spre celălalt băiețel.

   -Sunt sigură că a spus asta doar ca să vă sperie, o liniștește Eliza pe femeie. Nu va face asta, nu vă temeți.

   -Dar părea foarte decis, doamnă.

   -Repet, nu vă faceți griji. Voi face tot ce îmi va sta în putință să nu se întâmple nimic.

   -Mulțumesc doamnă, spune femeia și îi ia mâna și o sărută.

   -Nu face asta, își retrage Eliza mâna, impresionată de gestul femeii.

—Vă voi fi recunoscătoare toată viața. Mi-ați permis să-mi răscumpăr o greșală pe care nu mi-aș fi iertat-o niciodată.

Eliza simte că nu o mai țin picioarele și se așează pe un scaun oftând.

—M-am gândit la asta toată noaptea. Apoi am înțeles că nu puteam deveni mamă pe socoteala alteia.

—Aveți un suflet mare. Sunteți o femeie curajoasă.

—Nu știu unde o să fie curajul meu când o să mă întorc acasă și o să-mi dau seama că Raul nu mai e, oftează Eliza din nou.

—Ați fost ca a doua mamă pentru el. Veți putea să-l vedeți oricând. Să-l duceți la plimbare, să vă petreceți timpul cu el...

—Nu, iertați-mă, nu vreau să vă mai văd nici pe dumneavoastră, nici pe copilul dumneavoastră, se ridică Eliza de pe scaun. Am nevoie de timp ca să uit, adaugă ea și se îndreaptă spre ușă. Aici sunt lucrurile lui, haine, jucării, chiar și ghetuțele, pe care le-am cumpărat când mi-am făcut iluzii că pot fi mamă. La revedere! îi spune Eliza auncând o ultimă privire și zâmbindu-i băiețelului care adormise în brațele mamei.

Fără să mai privească înapoi, în hohote de plâns iese pe ușă și aleargă pe coridorul întunecat spre scări.

* * *

Așa cum a promis de dimineață, Ligiu se întoarce mai repede acasă. E vineri 1 iunie, ziua copiilor și vor pleca toți trei la cabana de la munte. E prima oară când ies de când au adus acasă copilul. Adevărul e că nici vremea nu le-a permis până acum să plece la munte, iar Raul abia peste două săptămâni va împini zece luni.

„Ce repede au trecut cele șase luni de când băiețelul este al nostru", își spune Ligiu.

Deschide ușa și lasă jos bagajele și scaunul cumpărat pentru Raul, astfel ca și el să poată sta comod în mașină.

„Doamne, ce mic era! Atunci când l-am adus acasă, înainte

de Crăciun, avea doar patru luni iar acum, mai e puțin și aleargă prin casă."

-Ce liniște! Să nu-mi spuneți că dormiți amândoi ca valizele în gară și nu-l auziți pe tăticul vostru care s-a întors acasă încărcat ca Moș Crăciun.

În bucătărie, deschide ușa, dar nu era nimeni.

-Iubito, am venit! Ai făcut bagajele? Nu vreau să plecăm târziu pentru că se va aglomera traficul. Și crede-mă, nu vreau să mergem bară în bară, asta ne-ar răpi mult prea mult din timpul și așa destul de scurt pe care îl putem petrece împreună. Am cumpărat cel mai frumos scaun pentru scumpul nostru Raul. Se va simți ca un rege în mașină. Eliza! Unde o fi?!

Cheia se învârtește în yală și ușa se deschide.

-Tu erai? Te strigam. Unde ai fost? Unde e Raul? Uite ce i-am cumpărat, îi arată el scaunul, dar nu înțelege de ce Eliza îi ocolește privirea. Hei, femeie, mă auzi?! Unde e Raul?

-Raul nu mai e.

-Cum?! Ce-ai spus?! se răsti el la ea, negru de supărare.

-L-am dus înapoi la mama lui pe Raul. La adevărata lui mamă.

-Scumpo, ce înseamnă că i l-ai dat înapoi pe Raul mamei lui? Fă-mă să înțeleg.

-Înseamnă exact ce am spus, Ligiu. I l-am dat înapoi, Nanei.

-Ești nebună! Doamne, e nebună!

-Știu că vei suferi enorm. Și eu mă simt îngrozitor, dar gândește-te la ea. Nu poți lua copilul cuiva.

-Dar am dat o grămadă de bani pentru copilul ăla, pricepi?

-Da, am dat bani! Nu asta-i problema. Nu-i putem lua copilul unei femei! Și-a dat seama că nu-l poate da. Eu o înțeleg!

-O înțelegi!? Nu ești zdravănă femeie! Ce te-a apucat? Ce dracu să înțelegi? Încearcă să înțelegi că ne-a luat banii. Pe toți, până la ultimul leu.

-Ascultă-mă! Asta nu înseamnă nimic. Vina e numai a noastră!

-Doamne, Dumnezeule mare, e nebună! M-am însurat cu o nebună!

-Nu putem cumpăra un copil pentru că nu ne înțelegem! Ca să ne revenim. N-are rost să faci asta ca să-ți descarci conștiința!

-Du-te naibii... Moralista lu' pește!

-Dacă sunt moralistă...

-Am făcut sacrificii imense ca să salvez amărâta asta de căsnicie! Era singurul lucru care ne mai unea! Un copil! L-am adus, am luptat pentru el cu toată ființa mea! Și l-am iubit. Bine... Ca de obicei, eu trebuie să salvez situația, să repar ce ai făcut tu, nebuno!

-Unde te duci?

Ligiu lovește cu furie scaunul pe care l-a adus și din prag îi aruncă:

-Să-mi iau copilul înapoi!

-Nu face prostii, copilul acela nu e al tău, Ligiu, încearcă ea să-l rețină.

-Dă-te la o parte, cară-te din calea mea, dacă nu vrei să te... o trântește el de perete. Femeie proastă... țipă el și închide furios ușa.

Eliza se lasă în genunchi și plânge în hohote.

* * *

De furios ce este, Ligiu nu mai respectă nici semaforul. Trece pe roșu și e cât pe ce să fie luat în plin de altă mașină care circulă regulamentar.

-Ce faci măi boule! Măi dobitocule! Așa se conduce? Fi-ți-ar... și cine ți-a dat carnetul! îl apostrofează cel de la volan și îl amenință cu pumnul.

Lui Ligiu nu-i pasă. Nu vede și nu aude nimic. Mai are puțin, coteşte la dreapta şi opreşte în faţa blocului. Coboară şi urcă tot câte două trepte deodată. Ajunge gâfiind în faţa uşii. Bate cu putere, cu amândouă mâinile.

-Nana, ascultă-mă, te rog! Deschide uşa! Deschide-o! Deschide sau jur că o sparg! Deschide uşa! Îmi vreau copilul înapoi! Deschide!

-Ce-i gălăgia asta? Cine sunteţi? Ce vreţi de la Nana?

-Dumneavoastră ce vreţi? Ia uite-o şi pe baba asta. Nu are ce face, radio şanţ... Intraţi în casă şi vedeţi-vă de treabă! Ce, am sunat la uşa dumneavoastră?!

-Sunt acasă la mine şi dumneavoastră nu aveţi voie să ne deranjaţi! Ce oameni! îşi face cruce vecina care a ieşit să vadă cine urlă aşa de tare.

-Ascultă femeie, de ce nu vrei să-ţi vezi de treabă. Intră în casă dacă vrei să-ţi fie bine! Doamnă nu vă e bine? Ne cunoaştem de undeva?...

-Manea mă cheamă.

-Doamnă Manea, nu aveţi ce face decât să păziţi pe la uşi? Bat cumva la uşa dumneavoastră? Hai, întoarceţi-vă la cratiţă!

-Cum vă permiteţi! Cine vă credeţi? Nu vedeţi că vă faceţi de râs? Să fii domn e întâmplare, să fii om e lucru mare! îşi face femeia cruce şi închide uşa după ea.

-Te faci că nu mă auzi? Deschide uşa, femeie, dă-mi copilul înapoi! continuă Ligiu să bată în uşă şi să ţipe cât îl ţine gura.

-Nana nu e acasă, domnule, revine vecina, care ştia despre ce este vorba. Nu mai ţipa ca un descreierat! Nana a ieşit cu copiii. Băgaţi-vă asta în capul ăla pătrat şi plecaţi de aici!

-Nu puteaţi să-mi spuneţi asta de la început?

-Dar ce, m-aţi întrebat? Vă spun acum! Mai bine mai târziu, decât niciodată...

-Am destul timp, pot s-o aştept până se întoarce, se aşează el pe prag. Să vedem cine câştigă.

-Cine câştigă? Ştiu eu ce am de făcut. Ţi-ai căutat-o singur tinere. Voi telefona să vină poliţia. Nu-mi place ca nişte străini needucaţi să facă gălăgie la uşa mea.
 -Poliţia?! Numai de poliţia ta nu mai pot... Ia te uită! Se sperie pisica? De ce nu vă vedeţi de treabă?! Nu aveţi altceva de făcut decât să staţi de pază la vizor. Trebuie neapărat să ştiţi cine intră şi iese din vecini? Ce ţi-e şi cu babele astea... În loc să-şi vadă de... Curiozitatea strică la frumuseţe, nu ştiaţi? La vârsta dumneavoastră ar fi trebuit să ştiţi. Mai citiţi, mai studiaţi... Plec doamnă, dar mă întorc mai târziu. Nu vă faceţi griji, o ameninţă Ligiu şi pleacă.

* * *

Sebastian intră în bucătărie şi gustă din mâncarea pe care abia a terminat-o de gătit soţia lui, dar se arde la limbă.
 -Ce faci Sebi? Nerăbdător ca întotdeauna...
 -Uite, m-am ars.
 -Lasă-mă pe mine, îi ia Felicia lingura din mână şi îi pune tocăniţă în farfurie. Ai grijă, abia am luat cratiţa de pe foc şi e fierbinte.
 -Mulţumesc, deja am făcut cunoştinţă. Ştii la ce mă gândeam, Felicia?
 -La ce te gândeai dragă?
 -Dacă Raul creşte, îl ducem la grădiniţa şi la şcoala asta de lângă noi. E aici aproape, îl duc şi-l aduc, îi dăm mâncare, îl vom hrăni bine.
 -Stai, stai că e o problemă. E o problemă cu Raul. Nu-ţi face atâtea planuri.
 -Ce?! Ce problemă să fie?
 -O problemă.
 -Ascultă-mă, Felicia. Eliza şi Ligiu au spus că adopţia e sigură, nu? Atunci care e problema scumpa mea soţioară?

—Nu e deloc sigură, dragul meu soț.
—Cum așa?! se miră el.
—Eliza a zis că pentru a avea copilul, Ligiu n-a procedat chiar corect.
—Cum așa? Ce tot spui? Nu le-a fost încredințat?
—Nu.
—Și Raul de unde a venit? A picat așa...
—Nu știu prea bine, Sebi. Știu doar că mama lui adevărată s-a răzgândit și acum îl vrea înapoi.
—La naiba! îi replică el și trântește jos ziarul.
—Nu face așa. Nu te înfuria...
—Cine se înfurie? Nu se înfurie nimeni! E ceva foarte normal despre care citești în fiecare zi în ziare. Am un ginere plin de bani și ce face? Vrea un copil? Se duce la magazin și-l cumpără. E lucrul cel mai de preț, nu?
—Te rog, Sebi!
—Și fiica mea ce face? Nu-i e rușine?
—O știi pe Eliza. N-a putut să i spună „NU" lui Ligiu. Se simte vinovată, nu poate avea copii, îi e greu.
—Mă duc să-i spun eu „NU"!
—Liniștește-te, te rog! Sebi, nu face asta. Eliza m-a rugat să țin secret totul.
—Ce secret?!
—Și eu sunt la fel de tulburată ca tine, dar nu putem face nimic. Crede-mă.

Sebastian se ridică și bea un pahar cu apă în timp ce Felicia formează numărul de telefon, dar intră căsuța vocală: „Lăsați un mesaj..."

* * *

Cei doi, Eliza ș Ligiu Vancea erau căsătoriți de aproape doi ani. Apartamentul cu trei camere, îl primiseră ca dar de nuntă de

la părinții Elizei iar părinții lui Ligiu le-au dăruit o mașină.
Ea era de profesie arhitect. Eliza avea o siluetă senzațională, în care pieptul plin contrasta cu talia îngustă, care era atât de mică, încât degetele lui Ligiu aproape că se atingeau atunci când mâinile lui o cuprindeau. Nu era înaltă, dar avea picioarele frumoase. Era o fată atrăgătoare și chiar și într-un sac ar fi reușit să arate sexy iar părul auriu îl purta strâns într-un coc șic pe ceafă.

Ligiu era inginer și lucra împreună cu tatăl său la firma acestuia.

Toate ar fi mers bine, dar s-a dovedit că ea nu poate avea copii și de aici încep toate necazurile.

Eliza se ridică de jos, își șterge lacrimile și intră în camera pe care a amenajat-o să fie a lui Raul. Sub pătuț a rămas o jucărie pe care în grabă nu a observat-o. Se apleacă și o ridică. Plânsul pune din nou stăpânire pe ea.

„Nu puteam să fac altfel" își spune și deschide cutia cu pastile pe care o avea în poșetă. Golește pastilele în palmă, duce palma la gură și le înghite pe toate.

Nu ajunge bine în dormitor că totul începe să se învârtă cu ea. Se lasă pe marginea patului și ridică receptorul. Abia reușește să formeze numărul de telefon și cade cu capul pe pernă.

-Mamă, ajută-mă, mi-e rău.

-Eliza! Ce e cu tine fetița mea? Eliza, răspunde!

-Mi-e rău, mamă... atât mai poate rosti și scapă receptorul din mână.

-Răspunde, Eliza, ce ai? Dumnezeule, Eliza! Ce s-a întâmplat?

Felicia aleargă înnebunirtă pe terasă și îl cheamă pe soțul ei care a început să taie iarba din curte.

-Vino repede, Sebi! Eliza are nevoie de ajutor.

-De ajutor? se minunează el când o aude ce spune.

-A zis că nu se simte bine. Avea o voce extraordinară, speriată.

Hai să mergem... Unde sunt cheile? Doamne, nu mai știu de capul meu.
  -Sunt la mine. Nu le mai căuta. Haide!
  -Să iau cheile de la casă! Poate nu ne deschide ușa.
  -Bine. L-ai anunțat pe Ligiu?
  -Hai să mergem. Grăbește-te, te rog!
  Speriați, cei doi se urcă în mașină iar Sebastian pornește în trombă.
  -Grăbește-te, Sebi. Cine știe ce a pățit biata Eliza, îi spune Felicia cu ochii plini de lacrimi.
  -Nu te mai văicări și lasă-mă să conduc!
  -Am ajuns. Oprește repede să cobor. Până parchezi tu mașina eu deschid ușa.
  -Bine, du-te.
  De grăbită ce e și din cauza emoțiilor pe care le are, Felicia alunecă și cade pe ultimul trepte.
  -Nici trei trepte nu le poți urca? Ce Dumnezeu! De ce nu ești atentă măi femeie? Ai fi putut să-ți rupi piciorul și atunci, asta ne mai lipsea că în rest avem de toate...
  -Dacă și cu poate s-au dus să înoate. Dacă poate nu era, poate dacă se îneca. Bine că n-am pățit nimic. Vino repede.
  -Da, dar știi foarte bine că la anii tăi orice căzătură...
  -Hai, lasă lecțiile și deschide ușa. Vezi că am scăpat cheile din mână când am căzut.
  -Unde or fi?
  -Uite, sunt acolo lângă ghiveciul cu ficusul acela.
  După ce ridică de jos cheile, Sebastian deschide ușa și se repezesc amândoi în casă, dar nu dau de Eliza.
  -Unde e?
  -Nu știu. Văd că nu e în sufragerie.
  -Nu e nici în bucătărie și nici în baie, îi spune îngrijorată Felicia.

-Nu te impacienta și hai să vedem în dormitor. Poate s-a întins în pat.

Când ajung în dormitor, în pat nu era nimeni, dar o găsesc pe Eliza căzută lângă pat.

-Eliza, fetița mea! se repede la ea mama.

-Ce-ai făcut! o ridică în picioare și o sprijină tata.

-Mamă... Tată... murmură ea.

-Dumnezeule! Ce ai, Eliza? o prinde mama de mână.

-Liniștește-te, Felicia. Îi faci rău. Scumpa mea, mă auzi? Spune-mi unde e Raul?

-E cu mama lui. Trebuie să vină acum. Se ocupă Ligiu de el.

-Ce spui? Unde s-au dus? insistă înnebunită mama.

-Te rog, Felicia! Scumpa mea, fetița mea! o mângîie tata. Te simți bine? Ligiu s-a dus să-l ia pe Raul?

-Da... Raul...

-De unde s-a dus să-l ia?

-Nu... Raul doarme...

-Am înțeles... îi spune mama și se îndreaptă spre camera copilului.

-Nu leșina, scumpa mea! o sprijină tata.

-Dumnezeule! se apleacă Felicia și ridică de jos flaconul de medicamente gol. Uite, Sebi! Ce-ai făcut, Eliza? Draga mea...

-Vreau să dorm...

-Spune-i tatălui tău ce ai făcut. Te rog, Eliza.

-Nu știu.

-Încearcă te rog să îți amintești! Câte pastile ai luat? insistă tata.

-Două, trei... Nu prea multe... Mi-e tare somn. Lăsați-mă, vreau să dorm...

-Ridică-te! Ajută-mă, Felicia. Nu trebuie să adoarmă sub nicio formă. Trezește-te! Du-te și cheamă repede ambulanța. Trezește-te, scumpa mea! Să nu dormi!

Cu mâna tremurând, Felicia formează numărul de telefon, în timp ce Sebastian se chinuie să o țină pe Eliza în picioare ca să nu o lase să adoarmă.

* * *

După ce află de la vecină că Nana a ieșit cu copiii, Ligiu se întoarce la birou și îl cheamă la el pe avocatul cu care a tratat să cumpere copilul, fără să mai parcurgă toate etapele cerute de lege.

Nu trec nici treizeci de minute și își face apariția avocatul Moga.

-Bună ziua, domnule Vancea! M-ați chemat.

-Bună ziua, domnule avocat. Sunt disperat.

-Ce e, domnule Vancea? îl întreabă Moga cu calmul caracteristic avocaților. Știu totul. Nana Avram vrea să păstreze copilul.

-Mai vorbiți o dată cu ea. Convingeți-o să se răzgândească.

-Mă tem că nu mai e nimic de făcut domnule Vancea. E foarte hotărâtă.

-Eu sunt om de afaceri. Dumneavoastră sunteți un avocat bun. Găsiți o modalitate. Sunt sigur că veți reuși! insistă Ligiu.

-E și interesul meu ca tratativele să se încheie cu bine, domnule Vancea. Dar vedeți dumneavoastră, doamna a venit pe neașteptate la mine cu copilul celălalt în brațe și mi-a dat banii înapoi. Uitați, scoate el plicul din servietă și îl pune pe masă.

-De ce? Nu trebuia să îi luați.

-Am încercat din răsputeri s-o fac să înțeleagă. Mi-a zis că preferă să moară de foame decât să-și dea copilul. Sincer, îmi pare rău.

-Cum așa? E prea simplu! Nu se poate! Doamna Avram trebuia să se gândească înainte. M-am atașat de copil. E băiatul meu! Eu și soția mea vrem copilul. Șase luni acest copil a fost

numai cu noi. Ea nici măcar nu a venit să îl vadă în tot acest timp. Ca să nu mai vorbesc de minciunile pe care...
　-Îmi pare rău, dar...
　-Ascultați-mă cu calm, domnule avocat! Sunt dispus să fac orice pentru ca fiul meu să fie lângă mine. Ați înțeles?
　-Îmi pare rău. Am făcut tot ce mi-a stat în putință. Resemnați-vă și luați-vă banii. Haideți să uităm această chestiune. După cum vedeți e suma întreagă. Am reținut doar jumătate din comisionul meu, având în vedere cum merg lucrurile. Asta, numai dacă sunteți de acord...
　-Nu-mi pasă de bani! Vreau să mi-l aduceți pe fiul meu! V-ați angajat că faceți asta, se ridică Ligiu nervos de pe scaun.
　-Vă înțeleg perfect, domnule Vancea, dar îmi pare rău... Fapta părintelui, a tutorelui sau a ocrotitorului legal al copilului, care pretinde sau primește bani ori alte foloase materiale în scopul adopției copilului se pedepsește cu închisoare. Tot cu închisoare se sancționează și fapta persoanei care, în vederea obținerii unui folos material necuvenit, intermediază sau înlesnește adoptarea unui copil
　-Ce spui domnule? Ia te uită la el! Mă faci să râd. Măi, dar deștept te-ai mai făcut așa peste noapte. Ia stai așa... Te joci cu mine? Până acum nu ai știut ce spune legea aia?
　-Domnule Vancea, înțelegeți-mă. Femeia s-a răzgândit și nu vreau să... Dacă fapta este săvârșită prin amenințare, violență sau prin alte forme de constrângere, prin răpire, fraudă ori înșelăciune, abuz de autoritate sau profitând de imposibilitatea acelei persoane de a se apăra sau de a-și exprima voința, ori prin oferirea, darea, acceptarea sau primirea de bani ori de alte foloase pentru obținerea consimțământului persoanei care are control asupra altei persoane, pedeapsa este inchisoare de la 5 la 18 ani și interzicerea unor drepturi. Îmi pare rău, dar...
　-Îți pare rău?! Văd cât de rău îți pare, nu trebuie să îmi spui. Nu vreau să te mai văd! Ieși afară! Să nu te mai văd nenorocitule!

Dispari! se repede Ligiu spre avocat, dar având în fața lui scaunul se răzbună răsturnându-l. Să te ia naiba de... Știi doar să-ți iei comisioanele nenorocitule, dar de rezolvat un caz nici vorbă. Toți avocații din ziua de azi sunt niște șarlatani... Ce să mai vorbim, vai de capul vostru! Nemernicilor!

* * *

La limita disperării, Ligiu se întoarce acasă. Rămâne surprins când îi vede pe părinții Elizei, care stau cu lumina stinsă în sufragerie.
-Ce surpriză frumoasă! Ce faceți aici drăgălașilor? Numai voi mai lipsiți că în rest aveam de toate...
-În sfârșit, ai venit! își întâmpină Sebastian ginerele.
-Am venit și ce-i cu asta? Ce faceți voi aici, asta mă interesează? De ce stați pe întruneric așa ca niște cucuvele? Cum de nu v-a servit nevasta mea cu nimic?
-Te așteptăm de câteva ore, Ligiu.
-De ce? Ce s-a întâmplat?
-Nimic grav. Eliza e dincolo, se odihnește. A luat prea multe calmante, îi explică Felicia.
-Calmante? Ce spui? De ce?
-Asta trebuie să ne spui tu, intervine Sebastian. Când am venit fata mea luase deja o jumătate din flaconul cu pastile.
-Da?! A înnebunit! Și voi sunteți mai nebuni ca ea dacă ați lăsat-o să doarmă. Nu știți că e periculos?
-Nu suntem tâmpiți. Am chemat ambulanța. Am crezut că e nevoie să-i facă spălături gastrice. Din fericire, nu a fost nevoie.
-Medicul a consultat-o și a zis că trebuie doar să se odihnească, îi explică mama soacră.
-Da, atunci e bine... Bine că ați fost voi aici.
-Bine că am fost noi! Poți să-mi spui de ce fiica mea e în starea asta? îl întreabă Sebastian.

-Unde e Raul? Eliza a spus ceva, dar era derutată. Nu era cu tine? îl întreabă Felicia.
-Uşor, nu vă repeziţi ca vulturii asupra mea. Pe rând, nu amândoi odată. Nu ştiţi nimic?
-Ce să ştim?! îl întreabă nervos, Sebastian.
Ligiu se aşează pe scaun.
-Spune o dată omule, ce să ştim?
-Fata voastră, scumpa voastră fiică, l-a înapoiat pe Raul mamei lui adevărate. Mai vreţi să ştiţi ceva? Acum vă este clar ce s-a întâmplat?
Cei doi se privesc întrebător.
-Nu înţeleg... Unde este băieţelul? Ce vrei să spui, Ligiu? Nu te înţeleg...
-Da, exact asta trebuie să înţelegeţi, l-am pierdut. L-am pierdut pentru totdeauna.
-A făcut foarte bine. A mustrat-o conştiinţa şi a acţionat cum trebuie. Nu poţi lua copilul altuia, îi spune Sebastian, mulţumit de gestul fiicei lui.
-Am plătit acel copil, l-am recunoscut ca fiind al nostru şi l-am iubit, i-am dat bani mamei sale naturale şi acum deşteapta asta... Nu pot să o înţeleg... E nebună! Aşa e, nebună! N-a obligat-o nimeni să...
-Se pare că s-a răzgândit. E mamă şi numai o mamă... Săraca femeie! oftează Felicia.
-Dacă fata voastră n-ar fi făcut prostia asta, n-am fi în situaţia în care suntem acum.
-Fii atent ce îţi spun! îl prinde de umăr Sebastian şi îl scutură bine. Eşti un inconştient, ca să nu-ţi spun altfel. Nu te gândeşti în ce te-ai fi băgat?
-Linişteşte-te, Sebi, se apropie de cei doi Felicia.
-Ascultă-mă, te rog!
-Nu, ascultă-mă tu pe mine, îi spune Felicia hotărâtă. Nu e

cazul să vă certați. Suntem cu toții foarte supărați. Hai să mergem acasă, Sebi. Așa e cel mai bine.
　-Chiar așa, plecați! Mă ocup eu de toate și de Eliza. Sunt soțul ei, nu?
　-Iau eu astea! îi arată Felicia cutia și flaconul din care Eliza a luat pastilele. Uită-te să vezi dacă nu mai sunt și altele pe undeva.
　-Bine, mă uit.
　-Asta e rețeta prescrisă de medic, îi spune Felicia.
　-Noi plecăm, dar nu mai vreau s-o văd pe fata mea în starea asta! îi atrage atenția Sebastian, înainte de a ieși pe ușă. Ai grijă de ea!
　-Da, plecăm. Pup-o pe Eliza din partea noastră! îi spune și mama.
　-Ce vă trece dragilor prin gând? Cum să nu am grijă de ea? Sigur că da, o pup din partea voastră. Stați liniștiți! le spune Ligiu cu un zâmbet șters în colțul buzelor.

* * *

　După ce au plecat părinții Elizei, Ligiu se oprește în pragul dormitorului și aruncă o privire spre soția lui care adormise.
　-Doamne, cum poți fii atât de nebună! rostește el fiind sigur că soția lui doarme buștean și se întoarce în sufragerie.
　Se oprește lângă bar, ia sticla de cognac și o privește, apoi toarnă în pahar. "Este oare acesta cel mai bun cognac din lume? Cu siguranță nu, dar este unul foarte, foarte bine făcut, unul care justifică raportul preț / calitate, un cognac care poate concura cu succes cu cele mai renumite mărci", își spune el și soarbe cu plăcere din băutură. Se așează în fotoliu cu paharul în mână și butonează până când găsește ce îi convine la televizor.
　Eliza se trezește și aude televizorul, al cărui sonor era mult mai tare ca de obicei.
　-Bună, iubitule!

-Bună! Te simți mai bine?
-Am avut un coșmar. Mama și tata au plecat?
-După cum se vede, au plecat. Dă-te puțin la o parte că nu ești de sticlă. E ceva la televizor și mă interesează.
-Mai ești supărat pe mine?
-Nu mai vorbi prostii!
-Nu te purta urât cu mine. Eu te iubesc, Ligiu!
-Bine, dar acum lasă-mă în pace. Dă-te la o parte. Du-te și culcă-te. Vreau să mă uit la televizor.
-Nu vreau să mă culc. Vreau să stau aici, cu tine, se apropie Eliza de el.
-Ai înnebunit? Ce-i cu tonul ăsta de fetiță?
-Îmi pare rău! Știu că m-am purtat urât, dar o să fac tot ce vrei ca să mă ierți.
-Nu mai vorbi ca o tâmpită.
-Nu te purta urât cu mine că-mi vine să plâng.
-Doamne ferește! își face el cruce. A înnebunit de tot! Mă deranjează mascarada asta. Scuză-mă, se ridică el și vrea să plece din sufragerie.
-Stai, Ligiu! Unde te duci?
-Nu știu. Oriunde, numai să nu te mai văd.
-Te rog! Nu mă lăsa singură! Mi-e teamă...
-Nu mai face pe nebuna și taci odată!
-Te rog! Stai aici nu pleca...
-Lasă-mă în pace! îi spune el și după ce o trântește pe canapea, pleacă.
Rămasă singură, Eliza își afundă capul în pernă și începe să plângă.

* * *

Doctorul Bibescu și domnișoara Elvira Matei intră în curtea vilei cu cele două apartamente, dintre care unul era al soților

Vancea.

Ligiu care a ajuns cu câteva secunde înainte în curtea părinților săi, se oprise în spatele gardului viu care împărțea curtea în două. Astfel cei doi nu îl puteau observa și asculta discuția lor.

-Îți mulțumesc că m-ai adus acasă, doctore.

-Eu îți mulțumesc pentru această seară frumoasă și pentru tot ce s-a întâmplat.

-Mi-a făcut plăcere să fiu cu tine, iepuraș.

-Și mie, la fel, păsărică. Sper să mai avem astfel de ocazii în viitor.

-Ocaziile le facem noi, atunci când vrem să ne revedem, îi spune Elvira râzând.

-Nu mai spun nimic. Am încredere în creativitatea ta.

-Atunci de ce nu intri la mine să bem ceva, îi propune ea. Nu există nimic care să ne facă mai creativi.

-Ești o femeie incredibilă, pisi. Mă uimești mereu, Elvira dragă.

-Ei bine?

-Pot oare să refuz o frumusețe ca tine? îi spune el și o urmează.

„Asta da viață, își spune Ligiu. Ce mi-o fi trebuind să mă însor nu știu. Culmea e că am luat-o pe nebuna asta care îmi mănâncă zilele. Dar se schimbă ea placa de mâine. Uite așa voi proceda și eu ca doctorul Bibescu. Azi cu una, mâine cu alta. Trai nenică! Viață, nu glumă!"

* * *

Sunetul prelung al soneriei o face pe mama lui Ligiu să tresară. „Cine e la ora asta?" se întreabă ea și se îndreaptă spre ușă.

-Ligiu, mămico, ce faci aici la ora asta?

-Sărut-mâna, mamă. Vreau să vorbesc cu tine. Scuză-mă dacă

te-am trezit.
    -Nu, stai liniştit. Citeam. S-a întâmplat ceva?
    -Da, dar să nu spui nimănui. Te rog, mamă. Mai ales tatei! Îmi promiţi?
    -Îţi promit. Pot să ştiu acum ce ai?
    -Este vorba despre Raul. Nu mi-a fost încredinţat legal, ci l-am cumpărat.
    Cuvintele rostite de fiul ei au căzut ca un trăsnet asupra femeii care se aşează pe scaunul de pe hol şi îşi pune mâna în dreptul inimii.
    -Într-o bună zi ai să mă omori, Ligiu.
    -Hai, mamă. Eşti copil? Ce naiba, parcă ai fi...
    -Ce ai cumpărat? Ce spui?!
    -Da, l-am cumpărat. M-am angajat să fiu tatăl natural al acestui copil. Iar mama lui mi l-a dat în schimbul unei sume de bani, desigur.
    -Doamne, ce-mi aud urechile! Cum ai putut să faci aşa ceva, Ligiu? Nu ştiai că e un delict?
    -Altă lecţie?! Dar mai terminaţi dragă! Ia mai lasă-mă cu delictele tale! Nu începe şi tu, te rog!
    -Bine, dar ce legătură are cu Eliza?
    -Ce legătură are Eliza?! Mama copilului a venit la noi acasă implorând-o să i-l dea înapoi iar ea, deşteapta, tâmpita asta, că altfel nu-i pot zice, s-a lăsat impresionată. S-a dus şi i l-a dat!
    -Doamne, Dumnezeule...
    -Spune-mi cum să fac să trăiesc cu o femeie ca asta? Era ultima speranţa pe care o mai aveam de a deveni tată. E o nebună, mamă! A făcut o scenă... Trebuia s-oi fi văzut... Mă implora! Îţi venea să o... nu ştiu ce-mi venea să-i fac...
    -Nu mai vorbi prostii, Ligiu dragă! E clar că nici ea nu se simte bine.
    -E îmbuibată... Da, aşa e, îm-bui-ba-tă!

-Ăsta era un motiv în plus ca să fii calm. Dacă vrei să te cerţi mai bine n-o mai vezi. De ce nu te duci la cabană să stai acolo liniştit?

-Dacă mă duc singur acolo, îmi vine să mă sinucid.

-Atunci, fă o călătorie. Schimbă atmosfera.

-Nu ştiu. Poate mă duc în Anglia.

-În Anglia? Ce să faci acolo?

-Să vizitez fabrici de confecţii. Londra e... Ar fi o ocazie bună. Nu crezi?

-Bine, dar ce faci acum?

-Mă duc să mă culc. Sunt frânt de oboseală. De-abia aştept să dorm.

-Îmi promiţi că n-o să te cerţi cu Eliza?

-N-o să mă cert cu ea pentru că nu mai vreau s-o văd. Mă duc liniştit acasă, mă întind pe canapea şi mă culc. Iar mîine dimineaţă, înainte să se trezească, aşa cum ţi-am spus plec.

* * *

Degeaba şi-a făcut bagajul şi şi-a pus Ligiu în gând să se trezească de dimineaţă că Eliza i-a luat-o înainte. Când a deschis ochii, văzând că Ligiu nu e în pat lângă ea, s-a dus şi l-a găsit pe canapea în sufragerie.

-Ce-i cu tine? De ce ai dormit aici?

-Am venit târziu şi n-am vrut să te trezesc.

-Şi minciuna-i vorbă. Ce faci cu geanta aia?

-Plec în interes de serviciu câteva zile.

-De ce?

-Trebuie să merg la Sibiu. Proprietarul unei fabrici de confecţii vrea să mă cunoască. Poate ne asociem şi...

-Spune-mi adevărul, Ligiu. Chiar pleci în interes de serviciu?

-Sigur că da. Ce-ţi trece prin minte? Trebuie să ne gândim la noi şi la căsnicia noastră... Avem nevoie de bani. Sunt nevoit să

plec. Ştiu că e un moment greu, dar...
-Tocmai de asta poate ar trebui să vorbim. De ce pleci singur? Mă părăseşti?
-Nu. Să spunem că, deocamdată, vreau să schimb atmosfera. Ce e rău în asta?
-Vreau adevărul, Ligiu. Nu mai vrei să stai cu mine?
-Scumpa mea, vorbim când mă întorc, îi spune el şi după ce îşi ia geanta, iese din casă, bucuros de îzbândă.

* * *

„Ligiu m-a dus la restaurantul în care ne-am sărutat pentru prima dată. Ne-am făcut multe planuri, mai ales pentru Crăciun. Mă va duce la Monte Carlo şi vom sta într-un hotel cu vedere spre mare. Când ne-am întors, bona ne-a spus că băieţelul a fost cam agitat cât am lipsit, dar am înţeles de ce: îi ies primi dinţi."
Eliza oftează, închide jurnalul şi îl lasă jos lângă pat. Se ridică şi intră în baie. După ce face un duş, deschide dulapul şi îşi alege o rochie cu care se îmbracă, se fardează, îşi aranjează părul, îşi alege şi o poşetă şi pantofi care să se asorteze cu rochia şi e hotărâtă să facă o plimbare prin parc.

* * *

Plecare lui Ligiu la Sibiu a fost o vorbă aruncată aşa ca să se afle în treabă.
După ce dă o tură cu maşina prin oraş, el se întoarce acasă, dar nu-şi găseşte soţia, ceea ce îl bucură.
"N-am plecat bine de acasă şi doamna a ieşit. Ducă-se unde şi-a înţărcat mutul iapa... Mai bine e când nu o am în faţa ochilor. Una ca asta te face din om neom."
Înnebuniţi că nu răspunde la telefon, părinţii Elizei intră în casă nerăbdători să afle ce s-a mai întâmplat, dar se lovesc de calda primire a ginerelui:
-Ia uite-i şi pe ăştia cum dau buzna în casa omului. Ce aveţi

fraților?! Nu credeți că ar trebui să lăsați prostul obicei? Am o propunere, dați-mi cheile și anunțați-ne de acum înainte dacă aveți de gând să veniți în vizită. Cred că e mult mai corect...

-Da, nu e nicio problemă. Poftim cheile. Noi nu vrem să vă deranjăm, vrem doar să... Ligiu, scuză-mă... între tine și Eliza totul merge bine?

-Foarte bine, mulțumesc.

-Sigur, e normal ca într-un cuplu să existe suișuri și coborâșuri, dar...

-Eu nu reacționez într-un mod imatur.

-Dacă te referi la copil e normal ca ea să sufere mai mult decât tine. Eliza e femeie, iar o femeie suferă mult mai mult când nu poate avea copii, îi explică mama soacră.

-Așadar?

-Așadar, trebuie să ai mai multă răbdare, să încerci să o ajuți să-și revină, îl sfătuiește Sebastian.

-Ușor de zis, greu de făcut, tată socrule. N-a făcut nimic prin casă. N-a trecut pe la biroul ei. Acum, spuneți-mi voi ce credeți? Se poate avea încredere în ea când dispare așa din senin? Oricum, scuzați-mă, eu trebuie să plec la muncă.

-Nu ne ajuți s-o căutăm?

-N-am timp de aiurelile astea. În fiica voastră nu se poate avea încredere. Mai bine ați căuta un psihoterapeut. Nu i-ar strica niște ședințe, altfel va ajunge la spitalul de nebuni și eu nu am nicio vină. Acum trebuie să mă întorc la birou. Ieșiți, vă rog. Sunați-mă! La revedere!

Cei doi rămân în fața blocului, urmărindu-l cu privirea pe Ligiu care urcă în mașină și pornește în trombă.

-Nu pot să cred, Sebi! spune revoltată Felicia. Nu știu... Mi se pare că omului ăstuia nu-i pasă deloc de fiica noastră.

-Treaba lui! Eu vreau doar să-mi găsesc fata.

-Hai să-l sunăm pe comisarul Albu la Poliție.

-Nu, mai bine mergem până la el. Trecem pe acasă şi o anunţăm pe Monica, să ştie ce facem, ca să nu-şi facă griji.

* * *

Grădiniţa, şcoala generală şi liceul, l-au făcut împreună. Aşa se face că au rămas cei mai buni prieteni.

Fostul coleg de bancă al lui Sebastian, comisarul Emil Albu îi pofteşte în birou.

-Sărut-mâna, Felicia. Bună Sebi! Intraţi şi spuneţi-mi ce e? Cu ce vă pot ajuta?

-Suntem tare necăjiţi, Emil. Eliza a plecat de acasă şi nu ştim unde este.

-Nu se poate. Din câte ştiu, Eliza e o femeie deşteaptă şi un arhitect foarte bun.

-Aşa e, dar a început să se simtă rău de când a pierdut copilul, îi spune supărată şi cu ochii plini de lacrimi Felicia.

-Apoi, lucrurile au devenit şi mai grave după eşecul adopţiei, precizează Sebastian, pe faţa căruia puteai citi aceeaşi tristeţe.

-Dar, explicaţi-mi, în ce sens se simte rău?

-O femeie care ia calmante şi care se închide în sine după părerea ta, în ce sens se simte rău? îl întreabă Sebastian.

-Calmante...

-Da, aseară am fost la ea şi...

-Şi aseară, când aţi văzut-o în ce stare era?

-Se certase cu Ligiu, chiar a plâns, dar nu era ceva foarte grav între ei.

-Poate s-o fi dus să facă o plimbare. O fi vrut să stea şi ea singură. De ce va agitaţi aşa?

-Da, sigur, Emil, şi nu-şi ia nimic cu ea? îl întreabă Sebastian.

-Dacă n-ai fi lăsat în pace tu n-ai face la fel? Cred că exageraţi puţin.

-Sigur, e o problemă lipsită de importanţă şi n-are rost să ne

preocupe, îi replică Felicia.
 -N-am spus asta. Încercam doar să vă liniștesc. O să dau câteva telefoane ca să aflu unde e. Dacă am vești vă anunț.
 -Mulțumim, Emil.
 -Ce destin ciudat au cei din familia voastră! Din când în când, mai pierdeți câte o fiică.
 -Nu glumi cu astfel de lucruri!
 -Nu glumesc, dar după ce am căutat-o pe fiica voastră, pe mezina Monica, trei zile la rând, acum un an, am aflat că e bine-mersi la București.
 -Ai dreptate. Să sperăm că și de data asta va fi o alarmă falsă.

* * *

În timp ce părinții ei o căutau disperați, Eliza s-a oprit într-o bisericuță de la marginea orașului. Se apropie de icoana Sfintei Fecioare cu pruncul în brațe și plânge.
 „Tradiția spune că Sfânta Fecioară ajută cuplurile tinere care nu pot avea copii" își amintește ea ce i-a spus lui Ligiu într-o seară. „Nu-mi spune că tu crezi asta!" i-a răspuns el zâmbind. „Vreau să cred," i-a spuns ea.
 Își șterge lacrimile care îi brăzdau obrajii și se așează în genunchi în fața icoanei:
 "Mi-am dorit atât de mult un copil! Era singurul lucru din lume pe care mi-l doream. Aș fi fost o mamă bună. De ce nu mi l-ai dăruit? Ce-am făcut? De ce nu mi l-ai dăruit?" o întreabă ea pe Fecioară și continuă să plângă.
 De la biserică după ce dă o raită prin parc, Eliza se îndreaptă spre casa părinților ei. Când o vede, mama tese pe terasă și o întâmpină bucuroasă:
 -Bine ai veni! Doamne, Eliza, ce tare ne-ai speriat, o îmbrățișează ea. Fă ce vrei, dar promite-ne ceva...
 -Gata cu pastilele alea! Știi mai bine decât noi că nu fac bine,

îi spune tata care aude exclamația Feliciei și își face apariția pe terasă.
-Da... murmură ea..
În curte intră Ligiu și se apropie revoltat:
-Ați văzut că a apărut odrasla voastră? V-am spus eu că n-are rost să vă faceți griji pentru ea. Apare și dispare așa ca măgarul în ceață...
-de ce vorbești așa urât? Bine că ai venit și tu! Am reușit. Gata, am rezolvat cu psihoterapeutul. E foarte bun. Am stat de vorbă cu el și Eliza va începe...
În câteva minute Eliza află despre ce este vorba și la rugămontea părinților acceptă să meargă la psihoterapeut
-Haideți să ne așezăm la masă și să uităm totul, îi poftește Felicia.

* * *

Ligiu este încântat că Eliza va fi pacienta unui psihoterapeut și în timp ce se îndreptau spre mașină, își ia pe după umeri soția și îi șoptește:
-Mă bucur că te-ai întors. Mi-ai lipsit. Să nu mai dispari fără să spui unde te duci. Da?
-Scuză-mă, voiam să fac o plimbare și nu mi-am dat seama că bateria telefonului a picat.
-Cel puțin încearcă să...
-Nu te supăra.
-Nu mă supăr, sunt doar îngrijorat. Nu vreau ca din cauza ta, lumea să-și facă griji inutile. De ce te porți ca un copil? Mă faci să cred că îți lipsește o...
-Dacă ești îngrijorat înseamnă că mai ții puțin la mine, se apropie ea și își lasă capul pe pieptul lui.
-Nu mai face pe fetița, te rog...
-Bine, o iau ca pe un compliment, dat fiindcă tu mă consideri

nebună și i-ai făcut și pe părinții mei să creadă...

-Părinții tăi nu cred asta, dar au înțeles și vor să te ajute. Doar atât. Pricepi?

-N-ai înțeles. Sunt convinși că sunt nebună. M-au sfătuit să mă duc la un psihoterapeut. Îți dai seama?

-Nu văd ce e așa ciudat? Milioane de oameni fac acest lucru și dacă părinții tăi cred asta, poate consideră că acum, e cel mai bine pentru tine, continuă el satisfăcut că propunerea i-a fost luată în serios de socrii.

-Nu înțeleg, cum poți să fii de acord cu ei?!

-Nu, Eliza dragă. Eu nu fac nimic fără acceptul tău. Tu hotărăști totul. Spun că, dacă cineva te poate ajuta, uneori, poate fi productiv.

-E normal să fiu derutată, după câte probleme am avut. De aceea nu mă simt prea bine, nu?

-N-ai de ce să te plângi. Ai puțină răbdare. Important e ca cineva care știe, să te poată ajuta.

-N-am nevoie decât de ajutorul tău. Vreau să te am alături, să-ți simt dragostea, să simt ajutorul tău.

-Ajutorul meu îl ai, dragă.

-Ești convins?

-Cred că acum, ajutorul cuiva îți poate face bine, te poate ajuta. Mai ales, dacă cel care te ajută e un bun profesionist.

-Părinții mei spun că ei îl cunosc pe acest Marian...

-Ce mai aștepți? Mergem urgent la el.

-Bine... O să-l contactez pe psihoterapeutul Marian.

-Bravo, o alegere foarte bună! Dă-i telefon să te programeze cât mai repede. E cea mai bună soluție, crede-mă.

* * *

După ce o conduce acasă pe Eliza, satisfăcut că totul a ieșit așa cum a vrut el, Ligiu se întoarce la socrii săi.

-Mă bucur că am convins-o pe Eliza să se ducă la un specialist. Cred că are nevoie, oftează Felicia.
-Bine că m-ați ascultat și voi o dată. Veți vedea că o va ajuta. De ce nu-l sunăm chiar acum pe psihoterapeut? insistă Ligiu.
-Bună idee! îl aprobă Sebastian.
-Mă duc să caut agenda în care am numărul de telefon și mă întorc repede, îi spune Felicia.
-Sunt și eu aici, așa că fixăm o întâlnire pentru mîine.
-Știi că atunci când țin ceva în mine nu pot să mă abțin, îi spune Sebastian. De mult trebuie să-ți spun ceva și îți spun.
-Te rog, spune, tată socrule.
-Nu mi-ai plăcut deloc, Ligiu. Ai plecat fără să știi ce e cu Eliza.
-Aveam o întâlnire de afaceri, dar până la urmă am reușit și am reprogramat-o. Când m-am întors acasă știți și voi că pe ea nu am găsit-o nicăieri...
-Aveai o întâlnire de afaceri... Dacă soția dispare, cui îi pasă? Importante sunt afacerile. Eu aș fi lăsat totul și întîi mi-aș fi căutat soția.
-Erați voi, niciodată nu o lăsați singură.
-Sigur, eram noi. Nu mi-ai părut îngrijorat, din contră. Păreai deranjat de situație și asta mi-a plăcut și mai puțin.
-Nu cumva exagerezi?
-Nu, încă n-am făcut-o. Fii atent, dacă i se întâmplă ceva Elizei, o să te consider vinovat.
-Ascultă-mă bine, tată socrule, sunt soțul, nu doica ei. Nu e vina mea, dacă fiica ta e nebună.
-Eliza a fost mereu o fată echilibrată și liniștită și, poate e și vina ta, dacă s-a schimbat.
-Sigur, mereu e vina mea! Orice se întâmplă în casă, e vina mea. Ce să fac, spune-mi? Dă-mi un sfat.
-Un soț bun, când soția e în dificultate, face totul ca s-o

susțină. Încearcă s-o faci să se simtă protejată, iubită!
-Am înțeles, tată socrule! Asta trebuie să facă un soț bun. Încearcă să mă înțelegi. Povestea asta cu copilul m-a dărâmat și pe mine, nu doar pe fiica ta. Bine că s-a terminat, că cine știe în ce bucluc mai intram cu proasta aia care azi își dă copilul iar mâine îl cere înapoi. Ce crezi? Și eu sunt stresat.
-Bine, te cred, dar, dat fiindcă tu ești mai puternic, încearcă s-o ajuți pe Eliza.
-De acord, voi încerca să fac tot ce se poate. Eliza este soția mea și voi știți ce mult o iubesc.
„Bine ar fi să fie așa", îi șoptește Sebastian soției.

* * *

La ora programată, Eliza însoțită de soțul ei se prezintă la cabinetul psihoterapeutului.
-Înainte de toate, vă mulțumesc că ne-ați primit așa repede, îi spune Ligiu și îi întinde mâna doctorului. Secretara dumneavoastră ne-a spus că de-abia peste o lună ne-ați putea primi.
-Există și excepții, răspunde doctorul Marian. Mama mea este prietenă cu părinții soției dumneavoastră, iar doamna Eliza a făcut proiectul vilei noastre, deci... Așadar, dat fiindcă v-am explicat care e motivul pentru care accept să-mi fiți pacientă, e rândul dumneavoastră să-mi spuneți dacă vreți să începeți terapia cu mine doamna Vancea.
-Cred că da, răspunde Eliza.
-O ședinta de psihoterapie durează mai puțin de o oră. Împreună cu dumneavoastră doamnă vom stabili frecvența întâlnirilor. Deoarece fiecare persoană este unică și are propriul ritm de asimilare, demersul terapeutic nu se întinde pe o perioadă de timp bine stabilită. Depinde de ritmul interior al fiecărei persoane. La începutul procesului terapeutic se stabilesc obiectivele psihoterapiei. Noi vom face acest lucru chiar azi,

stimată doamnă. Când aceste obiective vor fi atinse și veți reuși să implementați cu succes în viața de zi cu zi noile strategii, tehnicile dobândite în timpul terapiei, atunci se încheie procesul terapeutic. Domnule Vancea, după cum stă situația, ar fi cazul să ne lăsați singuri.

-Sigur, scuzați-mă.

-Puteți sta în sala de așteptare, însă vă sfătuiesc să vă plimbați prin grădină. La ora asta e o frumusețe, iar mirosul florilor e ceva de nedescris și...

-De ce nu? Chiar simt nevoia să-mi dezmorțesc puțin picioarele, doctore, îi spune cu zâmbetul pe buze, Ligiu. Mulțumesc.

-La revedere!

Imediat ce rămân amândoi, doctorul îi arată patul pe care Eliza se întinde și ascultă ceea ce i se spune:

-Stimată doamnă, Eliza Vancea, am reținut bine numele?

-Da, acesta este numele meu.

-După cum știți, e indispensabil ca între noi să existe încredere reciprocă.

-Sigur, îmi dau seama. E prima dată când mă adresez unui specialist. Adevărul e că familia mea a insistat, eu cred că n-am nevoie, dar...

-Să încercăm împreună să ne dăm seama de asta. Mă bucur că-mi vorbiți despre nedumerile dumneavoastră. E bine să vorbim deschis chiar de la început. Spuneți-mi despre dumneavoastră. Eu știu foarte puțin și nimic, doar ce mi-a spus soțul dumneavoastră.

-De ce? Ce v-a spus soțul meu?

-Soțul? Orice mi-ar fi spus, pentru mine nu contează, numai ce o să-mi spuneți dumneavoastră e important. Vorbiți liber, spuneți-mi ce simțiți, ce vi se întâmplă.

* * *

La sfârșitul ședinței, Ligiu o așteaptă nerăbdător pe soția lui și în drum spre casă caută să afle cât mai multe.

-Cum a fost, Eliza? E bine? Ce impresie ți-a făcut doctorul Marian?

-Să sperăm că va fi bine. Azi doar am vorbit, dar poate e normal la primele ședințe.

-Ce părere ai despre doctor?

-E un tip inteligent.

-Când e următoarea ședință?

-De două ori pe săptămână, începând cu săptămâna viitoare.

-Mi se pare că totul merge pe drumul cel bun, îi spune el. Pot să merg acum liniștit la birou, îi spune el când ajung în fața blocului. Îmi faci un sandviș să îl iau cu mine și plec.

-Te duci la birou?

-Am multă treabă. Ce ți-a mai spus doctorul?

-Nu mi-a mai spus nimic. A vrut să știe dacă sunt conștientă de ceea ce mi se întâmplă. Vreau să te rog ceva. De ce nu cinăm diseară în oraș, Ligiu? N-am mai ieșit de mult.

-Nu, îmi pare rău. Am rămas în urmă cu treaba. Și venind cu tine, am pierdut puțin timp.

-Nu poți s-o faci mîine?

-Nu, din păcate. Nu poate fi amânată. Vom ieși în oraș la restaurant așa cum îți dorești altă dată. Îți promit. Bine? Acum trebuie să-mi iau doar servieta și plec. Ne vedem mai târziu. Să fii cuminte!

* * *

Au trecut două săptămâni de când Eliza a început terapia cu doctoral Marian.

După ce strânge vasele de pe masă, le spală și intră în sufragerie, unde soțul ei butonează telefonul.

-Ce faci, Ligiu?

-Verific mesajele.

-Voiam să mergem la cumpărături după ședința cu psihoterapeutul, ce zici? îi spune ea și îl mângîie pe păr.

-Aș vrea, dar din păcate trebuie să lucrez, îi răspunde el și își trage capul. Știi cum e, îți petreci aproape toată viața la birou.

-Nu poți lipsi câteva ore?

-Te duci tu la serviciu în locul meu? Dacă vrei, te duc în centru și tu faci cumpărături. Mare scofală. Ce ai de cumpărat nu cred că necesită...

-Nu am de cumpărat nimic, Ligiu. Era un pretext ca să petrecem câteva ore împreună. Nu am mai ieșit în oraș amândoi de multă vreme și...

-Ți-am spus că nu pot. Vrei să-ți repet?

-Atunci pot să stau cu tine? Ce zici? M-aș bucura să fiu secretara ta măcar o dată.

-Ce nostimă ești! Nu mi se pare o idee bună. Nu, nici gând. Am deja o zi foarte grea. Ție ce-ți pasă... Dacă te plictisești singură, de ce nu te duci la ai tăi? Sigur se vor bucura să te vadă. Doar știi cât te iubesc... Vorba multă, sărăcia omului! Hai să mergem la doctor.

Fără să mai aștepte răspunsul Elizei, Ligiu se îndreaptă spre hol și deschide ușa.

-Am spus că mergem la doctor, nu? Sper că nu te împopoțonezi iar. Nu am mult timp la dispoziție, așa că, nu pierde vremea. Grăbește-te! Ai înțeles? Te aștept în mașină.

* * *

Eliza observă cât este de încordat Ligiu la volan și nu mai spune nimic. Drumul e scurt și în câteva minute ajung. Coboară din mașină și urmată de el intră în holul cabinetului medical.

-Bună ziua, domnule Vancea!

-Bună ziua, doctore!

-Doamna, Vancea, intrați vă rog! Ce faceți domnule Vancea? Vă plimbați prin grădină sau stați aici pe hol?
-Nu știu. O să văd. La revedere!
-Cum vreți. La revedere! Poftiți, doamnă.
-M-am gândit și nu știu dacă e cazul să începem o terapie adevărată, îi spune Eliza psihoterapeutului de cum intră în cabinet.
-Pot să vă întreb de ce?
-Nu cred că am nevoie. Nu mă mai simt așa rău.
-Sănătatea dumneavoastră e importantă. Dacă doriți, puteți profita de aceste ședințe pentru a vă deschide sufletul și mai mult. Desigur, doar dacă credeți că acest lucru vă e de ajutor. Vă simțiți în stare să faceți un bilanț cu privire la viața dumneavoastră?
-Nu știu, e greu să fac asta pe nepregătite.
-Spuneți-mi ce ați făcut în ultimele săptămâni, în ultimele zile sau ore...
-După povestea cu încredințarea copilului despre care v-am spus, am simțit nevoia să stau liniștită.
-Înțeleg. În afară de durerea cauzată de pierderea băiețelului, nu mai aveți și alte probleme? Sunteți o femeie mulțumită, nu?
-Poate căsnicia mea nu e așa cum mă așteptam să fie, dar e ceva normal, nu?
-Depinde cum vă așteptați să fie căsnicia dumneavoastră? Asta numai dumneavoastră puteți să știți.
-Mă așteptam să am copii. Era lucrul pe care mi-l doream cel mai tare, răspunde Eliza și ochii i se umplu de lacruimi. Iar apoi s-au întâmplat...
-Apoi, ce?
-Credeam că dragostea soțului meu va da un nou sens vieții mele și că mă voi simți protejată și în siguranță... Scuzați-mă, spune ea și își șterge lacrimile care se preling pe obraji.
-Nu trebuie să vă faceți griji, doamna Vancea. Tocmai de asta

vă aflați aici. Nu credeți?

* * *

Între timp, Ligiu se oprește în fața unei bănci de pe aleea din grădină, acolo unde era așezată o femeie tânără și frumoasă, care i-a atras atenția. Blondă, cu părul lung lăsat liber pe spate, tânăra avea ochii acoperiți cu ochelari de soare, care nu-i știrbeau câtuși de puțin din frumusețe, iar rochia mulată scotea în evidență conturul unui trup de manechin.

Curajos din fire, Ligiu se așează pe colțul liber al băncii, dar tânăra se ridică brusc și își scoate ochelarii, lăsând să i se vadă cei doi ochi albaștri de culoarea cerului.

-Bună ziua! îi spune Ligiu și zâmbește învăluind-o cu privirea.

-Bună ziua, îi răspunde ea și după ce-i mai aruncă o privire, se îndepărtează.

„Doamne, ce mi-a fost dat să văd! Și cât e de frumoasă!" își spune el și căutând-o cu privirea se ridică de pe bancă, dar tânăra parcă intrase în pământ. Nu mai era nici urmă de ea.

Mai privește o dată în stânga și apoi în dreapta și intră în hol. Aici își privește nerăbdător ceasul și oftează mereu așteptând să se sfârșească ședința.

În sfârșit, ușa cabinetului se deschide.

-La revedere, și nu uitați să o sunați pe secretara mea, îi spune doctorul Elizei. Cred că puteți să vă faceți programare joi după-amiază și pentru alta vineri. Domule Vancea, pe curând!

-La revedere, domnule doctor.

-Te-ai plictisit, iubitule? îl întreabă Eliza după ce îl prinde de braț.

-Nu, de ce? Am fost în grădină ca să caut trifoi cu patru foi, îi spune el bine dispus.

-Înseamnă că te distrezi fără mine.

-Fac și eu ce pot.

-Mă gândeam să ne organizăm într-un fel. Având în vedere că voi avea mai multe şedinţe, nu poţi să mă însoţeşti mereu.
-De ce?! Te însoţesc cu plăcere. Nu-mi stă bine în postura de şofer? îi spune el şi deschide uşa maşinii. Dacă nu-mi merge bine la serviciu, pot să fac asta.
-Nu ştiu dacă, nu...
-Mă simt foarte bine aici, îi spune el amintindu-şi chipul frumos al tinerei pe care a întâlnit-o în grădină. Vorbesc serios. Am stat o oră singur, cu mine, departe de serviciu. Mi-a prins bine. A fost o experienţă terapeutică şi pentru mine.
-Când ţi-am propus să ieşim împreună în oraş nu aveai aceeaşi părere sau ai uitat? Oricum, mulţumesc, îi replică ea zâmbind.
-De ce îmi mulţumeşti? Nu trebuie să-mi mulţumeşti mie, ci medicului tău. Se pare că aceste şedinţe au un efect terapeutic imediat. De mult nu te-am mai văzut zâmbind.
-Mă simt bine când sunt cu tine.
-Ce-ai zice să trecem pe la părinţii tăi?
-De acord, dar văd că deja suntem în faţa casei. Ai vrut să-mi faci o surpriză? M-ai ţinut de vorbă şi n-am observat pe unde suntem.
Luând-o pe după umeri, cei doi intră în casă:
-Sărut mâna mamă, tată!
-Salutare, tuturor! le spune Ligiu mai vesel ca oricând.
-Bine aţi venit, copii!
-Ce e? Ce-i cu tine, tată, eşti supărat?
-Nu.
-Nu ştiţi nimic? îi întreabă mama.
-Nu, ce trebuie să ştim?
-Colegul lui Sebi, inginerul Paştiu a fost găsit mort.
-Paştiu? întreabă Ligiu. Fir-ar să fie! Cum s-a întâmplat?
-Ceva îngrozitor. Se pare că a fost aruncat cu maşină cu tot

într-o râpă.
-E uimitor, tată!
-Îmi pare rău. Nu era un sfânt. Îi cam plăceau și femeile și paharul.
-Fii serios, cum poți spune una ca asta, Ligiu, îi spune Eliza și o lacrimă se prelinge pe obraz.
-Scumpo, nu plânge!, o îmbrățișează mama.
-Iubito, mama ta are dreptate. Stăpânește-te! Șterge-ți lacrimile!
-Nu pot. Dacă nu l-aș fi cunoscut pe nenea Paștiu...
-Nu mai plânge! Fii tare!
-Moartea mă îngrozește acum. Nu pot să mă stăpânesc.
-Fetița mea, asta face parte din viață. Trebuie să accepți lucrul ăsta, o mângîie tata.
-Bine. Plec. E târziu, le spune Ligiu și își privește ceasul. Trebuie să aiung și la serviciu. Aveți grijă de ea?
-Da. Avem noi grijă de ea.
-Mulțumesc.
Mama o mângîie și oftează văzând cât este de nepăsător ginerele său.

* * *

Săptămânile au trect una după alta de când Eliza urmează ședințele cu psihoterapeutul.
Mult mai repede ca de obicei, Ligiu se întoarce acasă și încă din ușă îi atrage atenția:
-Nu uita că peste puțin timp trebuie să te duci la ședință.
-Poate vrei să mă saluți mai întîi. Măcar atât.
-Bună! Voiam doar să-ți amintesc. Asta ca să vezi că eu n-am uitat și am grijă de soția mea, o îmbrățișează el ca să repare greșala făcută.
-Nu, te rog. Azi nu mă simt în stare să mă duc. Nu vreau.

-Glumești, nu? Psihoterapeutul te așteaptă. E bine să-i respecți indicațiile, altfel nu are niciun efect tot ceea ce faci și...

-Bine, Ligiu, dar nu se va întâmpla nimic dacă nu mă duc o dată.

-Îmi spui că nu se întâmplă nimic? Se întâmplă și încă cum! Imediat, pregătește-te să mergem! Hai, eu am mâncat ceva în oraș. Îmbracă-te, dar nu pierde vremea cum faci de obicei, că nu te duci la teatru sau la vreun spectacol. Ia ceva simplu pe tine. E mai bine pentru că te duci la doctor și e în joc sănătatea nu eleganța,...

-Bine, o să fac un efort de data asta.

-Eu fac repede un duș și te conduc, îi spune Ligiu mulțumit că a reușit s-o convingă, iar el cu siguranță o va întâlni pe tânăra frumoasă, despre care între timp aflase că este soția doctorului.

-Nu, las-o baltă. Nu e nevoie. Nu trebuie să te deranjezi, Ligiu. Cunosc foarte bine drumul. De data asta, mă duc singură.

-Îmi face plăcere să vin cu tine, draga mea soțioară, o prinde el pe după umeri. Suntem sau nu un cuplu? Problema ta e și a mea scumpilici, îi spune el schimbând tonul și o sărută pe frunte.

-Bine, du-te și fă duș. Mă îmbrac repede.

-Ce drăguță ești! Mulțumesc. Două minute și sunt gata, scumpa mea.

* * *

Ca de obicei, după ce Eliza intră în cabinet, Ligiu iese în grădină, unde soția doctorului stă la soare rezemată de spătarul de la bancă și are ochii închiși.

-Te-aș privi ore întregi. Doamne cât ești de frumoasă și cât de mult te...

-Iar ai venit aici?! M-ai speriat.

-Scuză-mă, nu voiam, dar e peste puterile mele. Iartă-mă, îi spune el și îi sărută mâna.

-Nu pentru asta trebuie să-ți ceri scuze.

-Ai dreptate. Iartă-mă, îmi pare rău, dar a intervenit o problemă de familie și n-am putut să te anunț.

-Probleme cu soția?

-Nu. Bine, că soția mea are probleme, asta e, altfel nu ne-am fi întâlnit. Mă ierți sau nu?

-Nu.

-Ne jucăm de-a șoarecele cu pisica? Știi că nu pot sta fără tine? De marți de când ne-am întâlnit în parc, mă gândesc numai la tine.

-Te pomenești că te masturbezi gândindu-te la mine, nu-i așa? Bine. Îți mai dau o șansă, dar nu acum.

- Pentru tine, orice. Când? o întreabă el nerăbdător.

-Soțul meu pleacă în seara asta la un Congres la Viena și eu rămân singură câteva zile.

-Nici nu se pune problema, îi sărută el mîinile. Cum o să se descurce pisicuța mea într-o casă așa mare? Ce noroc, o să fiu cu tine.

-Acum, trebuie să plec, am o treabă urgentă.

-Ne vedem mai târziu frumoasa mea, îi spune el și îi sărută din nou mîinile.

-Nu uita, te aștept...

Mândru de cucerirea făcută, Ligiu se îndreaptă spre birou, dar toată ziua gândul lui a fost la întâlnirea cu frumoasa doamnă Marian.

* * *

După ședință, Eliza pleacă încet, pe jos, spre casă. Ocolește pe strada pe care locuiesc părinții ei și intră doar pentru câteva minute să îi vadă:

-Sărut mâna, mamă.

-Bună, scumpa mea. De ce ai venit singură?

-Ligiu are probleme la serviciu. Știu că e ocupat, dar nici eu nu mă simt bine.

-De ce spui asta? Văd că ți-ai revenit. Ce rochiță frumoasă ai, îți stă foarte bine cu ea. Așa să faci de fiecare dată când ieși din casă. Ai destule lucruri frumoase, de ce să le ții în dulap și...

-Nu mai știu ce să fac, mamă. Tu și tata sunteți singurii care cred că mă înțelegeți. De luni întregi, orice pretest e bun pentru Ligiu ca să stea departe de mine și eu sufăr foarte tare. De ce se poartă oare așa cu mine?

-Știi că eu sunt de partea ta, dar acum trebuie să urmezi tratamentul și vei vedea că totul va fi bine pentru tine, scumpa mea. Știu că nu-i o situație prea plăcută. Încearcă să nu-i pretinzi prea multe lui Ligiu. Bărbații sunt mai agitați... Are și el probleme la birou. Lasă-l, fă așa cum spune el și va fi bine. Ascultă-mă, te rog.

* * *

Cu șampania pusă la gheață și două pahare alături, îmbrăcată într-o cămașă de noapte de mătase roșie, Roxana se întinde pe canapea.

Ligiu nu se lasă așteptat și sună la ușă. Ea se ridică, apasă pe buton ca el să poată intra și umple cele două pahare.

-De data asta, ți-ai respectat cuvântul, îi spune ea și se desprinde din brațele lui. Am făcut bine că te-am așteptat.

-Pentru nimic în lume n-aș fi lipsit de la întâlnirea asta, pisi.

-Bem ceva? se întoarce ea după cele două pahare și îi întinde lui Ligiu unul dintre ele.

-De ce nu?

-Pentru noi!

Amândoi golesc paharele, după care el o cuprinde cu brațele și o strânge la piept.

-Mereu ai privirea tristă și simt nevoia să te alint, îi spune

Roxana și îl mângâie pe obraz.
Pasul a fost făcut, așa că, lui Ligiu nu i-a rămas decât să o conducă în dormitor.
-Ce mi-ai făcut? M-ai vrăjit! Nu pot trăi fără tine. Ce mi-ai făcut? Mă gândesc la tine zi și noapte, îi șoptește el.
-Vino! îi spune ea, ghicindu-i gândul.
-Unde mă duci?
-Să mergem în dormitor!
Atât aștepta. Ligiu îi sărută mîinile și o urmează.
-Te vreau, Roxana.
Ligiu o ridică în brațe și o așează în pat. Mâna lui alunecă în slip și îi strânse șezutul.
Răsuflarea lui era agitată făcându-l să-și atingă pieptul de al ei când inspira și expira.
-Și tu mă vrei. Știu asta. O simt.
Se lipi și mai mult de ea simțind-o cum i se leagănă în brațe.
-Totul se întâmplă prea repede. N-am crezut că...
-Ai știut.
-Nu, n-am, știut.
-Foarte bine, acum știi. Ce-i jocul ăsta de-a timiditatea?
-Nu-i un joc.
-Atunci ce e? Ți-am spus că te vreau. Mi-ai dat motiv să cred că vrei și tu.
Eforturile ei de a scăpa din strânsoare nu făcuseră altceva decât să o aducă mai aproape de el.
Ea ridică privirea. Ochii lui luceau, pieptul lui era lipit de sânii ei iar pulpele lui unite cu ale ei. Avea să cunoască iubirea lui Ligiu, forța și siguranța brațelor lui, avea să se bucure de mângâierile lui. Avea să-i audă șoaptele de iubire. Avea să-l simtă în ea, făcând parte din ea.

* * *

După câteva zile, seara târziu, Ligiu deschide încet ușa și intră în sufragerie. Eliza îl aștepta.

-Unde ai fost? Ce se întâmplă, Ligiu? De la o vreme ajungi acasă numai noaptea sau deloc. Te-am așteptat toată seara ca o idioată. De ce te porți așa cu mine?!

-Am avut ceva important la serviciu. Unul dintre salariați s-a accidentat și e ceva grav... Scuză-mă.

-Mereu ai o scuză. M-am săturat! Mereu e cineva, ceva mai important ca noi.

-Ți-am cerut scuze.

-E aniversarea căsătoriei noastre. Nu poți face asta. Am încercat să te sun, dar telefonul tău era închis.

-Mi-am uitat încărcătorul acasă. Un accident de muncă nu e ceva...

-Îmi pare rău.

-Gata cu părerile de rău, nu-ți face griji. Trebuie să mă întorc la birou. Mă așteaptă directorul.

-Ce se va întâmpla acum?

-Nu știu. Se va face o anchetă. Vom vedea ce se va întâmpla.

-Vrei să te ajut cu ceva?

-Nu-ți face griji. Mă descurc singur. Te sun dacă e vreo problemă.

* * *

Din baie, Ligiu intră nervos în dormitor și încearcă din nou să vorbească cu Roxana, dar degeaba. Toată după-amiaza nu a răspuns la telefon și era înnebunit, nu știa ce să creadă. Intră din nou robotul și nu se mai abține:

"Unde ești, Roxana? Pentru Dumnezeu, de ce nu răspunzi? Bine, te sun mai târziu."

Ligiu nu închide telefonul, deși aude ușa deschizându-se. Ca să nu dea de bănuit, apasă nervos tastele în continuare.

-Dragul meu, ai spus că te grăbești.
-Lasă-mă! Și tu începi, Eliza? Nu reușesc nicicum să dau de un furnizor.
-De ce nu închizi și încearcă să te relaxezi puțin?
-Nu pot. Am necazul acesta cu accidentul și mai am și o afacere importantă.
-Vino să ieșim puțin. Să facem o plimbare. Ai mei au cumpărat un cadou pentru aniversarea noastră și vor să ni-l dea. Îmi dau seama de ce s-a întâmplat și de problemele tale, dar trebuie să ne vedem și cu ai mei.
-Bravo, trebuie să mă duc neapărat la ai tăi, că singură nici nu te poți duce. Țara geme și baba se piaptănă! Numai de distracție nu-mi arde!
-Te rog, Ligiu, nu spune nu! De mult n-am mai petrecut seara împreună.
-Bine, dar dacă mă sună, ce fac?
-Ai celularul.
-Ești teribilă! Când îți pui ceva în cap nu renunți. Bine, vom merge la mămica și la tăticul tău. Ești mulțumită?
-Ești un scump! îi spune ea și îl sărută pe obraz. În cinci minute sunt gata și putem pleca.

* * *

De mult, Eliza nu mai merge însoțită la medic.
Psihoterapeutul i-a cerut voie să îi spună pe nume, așa că apelativul dumneavoastră a rămas în trecut.
-Bine ai venit, Eliza! Ai visat ceva?
-Nu, răspunde Eliza.
-Vrei să vorbim despre altceva?
-Sunt puțin agitată.
-De ce?
-Știi, cea mai bună prietenă a mea a vrut să se sinucidă și asta

m-a impresionat.
-Când s-a întâmplat asta?
-Aseară.
-Ciudat. Soțul tău nu mi-a spus nimic.
-Cum era să îți spună? A fost Ligiu aici? Când?
-A venit să stabilim ora pentru ședința de azi.
-Ce ciudat! Eu știam că e la birou.
-Poate că a trecut pe acolo și apoi a venit la mine.
-Dar de ce nu mi-a spus că trece pe aici? Sau poate nu-mi amintesc. În ultimul timp nu reușesc să-mi amintesc prea bine ce fac în timpul zilei.
-Să încercăm măcar să recapitulăm ceea ce ai făcut ieri, vrei?
-Nu știu dacă o să pot. A da, știu. Am scris în acest jurnal, spune Eliza și scoate jurnalul din poșetă.
-Nu știam că ții un jurnal.
-Da, notez ce fac ziua, stările mele sufletești...
-Foarte bine. Și îl ții mereu la tine?
-Da. Scriu în el de un an. Iată-l...
-O, e foarte interesant! Îmi citești și mie din jurnal? E important să știu ceea ce gândești când ești singură.
-De ce să-ți citesc eu? Îl las aici să-l citești.

* * *

Se înserase și în lumina scăzută faptele reveneau în memoria puțin voalată a celor doi. Erau pe balcon de câteva minute. Discuția lor avea pauze mari, uriașe semne de întrebare care rămâneau nepuse.
-E o perioadă grea Ligiu, știu.
-Perioadă grea...Am făcut în așa fel ca să ne fie bine, dar totul a fost în zadar, Eliza. Am încercat atâtea.
-Voi face tot posibilul. Voi continua să mă duc la psihiatru. Totul va fi bine, vei vedea.

-Nu știu ce e cu tine. Pe zi ce trece ești tot mai...Ești de nerecunoscut. Nu pot să te înțeleg. Privește realitatea în față, Eliza!

-Realitatea e că te iubesc. Te iubesc și nu vreau să mă părăsești, îi spune Eliza plângând. Te rog, jur că voi face tot posibilul! Voi fi o soție perfectă. Sunt prea agitată, ligiu și am nevoie de pastilele mele. Te rog să mi le dai. Te implor!

-Iarăși cu medicamentele astea... Ți-a spus și doctorul că nu e nevoie să le iei. Chiar vrei să le iei? Nu te interesează ce-ți spune un medic? Insiști cu ele...

-Am nevoie. Mai am o rețetă. Dacă nu mi le dai mă duc la farmacie și mi le cumpăr singură. Te rog dă-mi pastilele...

-Bine! Măi, dar prost mai sunt! Vrei să mori? Omoară-te, dragă. Hai, sinucide-te! Curaj! Îți ajunge o pastilă sau vrei mai multe?

Ligiu deschide flaconul cu medicamente.

-Ține! Dacă așa crezi că se rezolvă problemele, poftim! îi întinde el o pastilă. Ia!

-Te rog, mai dă-mi una, Ligiu. Nu-mi ajunge una. Te rog nu te supăra pe mine...

El îi mai dă o pastilă.

-Bine, nu te supăra! Mă duc să mă întind, nu mă simt bine, trebuie să mă calmez.

Ligiu pune flaconul cu medicamente pe masă și aruncă o privire plină de ură în urma ei.

* * *

Cum vede că Eliza a adormit, Ligiu iese încet din casă, urcă la volan și pornește în trombă spre casa socrilor săi. Intră val-vârtej pe ușă și fără să salute trece direct la subiect:

-Am venit să vă spun că am vorbit cu Eliza despre despărțirea noastră, minte Ligiu.

-Și cum a reacționat? îl întreabă, Felicia.
-Rău, a explodat.
-Săracă, oftează Felicia.
-I-ai spus ceva din ce ți-a spus doctorul? întreabă Sebastian.
-E cam deprimată în ultimul timp, oftează Felicia.
-Ce v-am spus? E prea slăbită ca să treacă printr-un divorț, se ridică din fotoliu Sebastian.
-O despărțiere e întotdeauna dureroasă și mai ales pentru cineva care e într-o asemenea situație, oftează din nou Felicia.
-Și mai e ceva, intervine tata. Cum ai pus problema? Fiindcă și cuvintele sunt foarte importante în astfel de cazuri, să știi. Ai luat-o direct?
-Nu știu, orice spun, e greșit.
-Nu, o cale există. Cunoscându-i sensibilitatea...
-Sensibilitatea! Mai lasă-mă îm pace cu sensibilitatea ei... Ce nebunie! sare ca ars, Ligiu.
-Și a ta? Unde ți-e sensibilitatea ta?
-Ce știți voi cum mă simt eu toată zoia ci ea? vine întrebarea lui Ligiu.
-Știu un singur lucru. Fiica mea, înainte să te cunoască, era o femeie fericită și acum a ajuns o zdreanță. Asta știu! precizează Sebastian Dima.
-Nu mai spune?! Acum e vina mea?!
-Sebi, vă rog, terminați! Acum, trebuie s-o ajutăm pe Eliza. E singurul lucru important.
-Nu se poate altfel. Eu cred că despărțirea e cel mai bun lucru pentru toți.
-Și mai ales pentru tine, nu se mai poate abține, Sebastian.
-Sebi! Te rog!
-Doctorul a spus că cea mai bună terapie pentru fiica ta e despărțirea. Dacă-i spun eu va înțelege cu totul altceva. Crede că vreau să o părăsesc. Dacă-i spuneți voi, poate reacționa cu totul

altfel.
—Bine, o să-i spunem noi. Chiar dacă nu ştiu cum să găsesc cuvintele potrivite, avem noi grijă de asta, oftează mama.
—Sunt sigur că vei reuşi. Eşti mama ei! Plec! Voi lipsi o săptămână. Trebuie neapărat să plec într-o delegaţie, le spune Ligiu şi deschide uşa.
—Şi Eliza?! O laşi singură în casă?
—Nu-ţi face griji! Nu e singură. Are borcănaşul cu medicamente care îi ţine companie. Ca să mai schimbe... Şi vă are pe voi porumbeilor...
—Bravo, ai spus-o!
—La revedere, tuturor! le spune Ligiu şi trănteşte uşa.
—Sebi, ce ne facem cu fata noastră? Biata Eliza! începe să plângă Felicia în timp ce el o îmbrăţişează şi o mângîie.
—Decât cu imbecilul ăsta, mai bine îi va fi singură. E tânără şi îşi va găsi şi ea sufletul pereche. Linişteşte-te, draga mea!

* * *

Acasă la psihoterapeut Ligiu e în al nouălea cer. După ce au băut din coctailul preparat din suc de ananas şi şampanie, reţeta Roxanei, cei doi tocmai au încheiat o partidă de sex.
—Simţi cum bate? o întreabă Ligiu, când Roxana îşi opreşte mâna în dreptul inimii.
—Da.
—Nici o femeie nu mi-a provocat emoţiile pe care mi le provoci tu.
—Cum aşa? Nici măcar soţia ta?
—Cu ea, era complet diferit. Poate, la început a fost frumos, dar apoi a devenit... E trist s-o spun, un fel de rutină. Cu tine, e altceva.
—Toţi spuneţi aşa. Cu amantele vă daţi mari, iar acasă sunteţi...
—Nu, e adevărat. Jur!

-Dacă lucrurile stau aşa, de ce nu te hotărăşti? N-ai zis că o să vorbeşti cu soţia ta?

-Da, ai dreptate. Cum ating subiectul, face o criză de nervi, se poartă ciudat, nu mă lasă să vorbesc, nu ştiu ce i se întâmplă.

-Am înţeles. Ce te-ai gândit să faci?

-Nu ştiu. E o isterică. Nu ştiu ce să mă fac. Continuă să mă şantajeze sentimental.

-Probabil că se simte foarte rău.

-Poate că se simte rău, însă fragilitatea ei mă înfurie la culme, n-o mai suport!, se revoltă Ligiu.

-Înţeleg, îl mângîie Roxana. De aceea nu trebuie să mai amâni. Soţul meu e un bun psihoterapeut şi să ştii că are dreptate. I-ar face şi ei bine să accepte realitatea.

-Ştii draga mea că eşti cel mai frumos lucru ce mi s-a întâmplat în viaţă?

-Probabil, însă nu vreau să fiu doar o consolare pentru tine, Ligiu.

-Ce spui, ai înnebunit?! Nu eşti consolarea, ci dragostea şi bucuria mea.

-Bine, de acord, dar ascultă-mă. Trebuie să fim foarte atenţi. Ar fi o mare nenorocire, dacă cineva ar descoperi acum relaţia noastră. El este plecat în săptămâna aceasta şi putem pleca şi noi unde vrei.

-Nu-ţi face probleme! Nu va descoperi nimeni.

-Mai ales soţia ta. Nu ştiu cum ar reacţiona în starea în care este ea acum.

Roxana dovedise destulă pricepere în aranjamentul pe care l-a făcut. Avea preparat şi un coctail după reţetă verificată. Îl servi în două sonde, cu lămâie şi câteva cuburi de gheaţă.

-Pentru noi ridică el paharul toastând.

-Ce emoţionată sunt, Ligiu, mărturisi ea mai mult în şoaptă. Să ştii că mă bucur şi eu că suntem împreună. Va fi o săptămână de vis.

De mult timp dorea să întâlnesă un bărbat adevărat, să simtă ceea ce simțea cu el. Pentru asta avea de ce să-i mulțumească lui Ligiu. Roxana aprinse veioza și în cameră se făcu o lumină domoală, odihnitoare. Prin deschizătura jaluzelelor se strecurau, în răstimpuri, pale de aer proaspăt și năvălea mireasma florilor din grădină...

-Ești atât de frumoasă, Roxana, încât de-abia aștept ziua în care te vei hotărî să fim împreună pentru totdeauna. Cred că atunci voi fi cel mai fericit bărbat de pe pământ.

Chiar dacă el aștepa un răspuns ea nu i l-a dat.

-Formidabil! exclamă Ligiu. Asta este o adevărată casă a florilor. Și ce mireasmă.

Roxana stătea întinsă pe canapea. Ligiu o cuprinse în brațe și au rămas așa un timp.

-Parc-am fi după nuntă, îi șopti el și îi mângîia fața. Ai vrea asta? o întrebă cu glas scăzut și o privi în ochi.

Ea nu-i răspunse, dar aprobase din cap.

-Dacă zici tu, spuse ea ca printr-un vis. Să știi că te iubesc, Ligiu.

-Și eu care credeam că îți sunt indiferent...

Degetul lui mare îi scria mesaje erotice pe încheietura mâinii.

-Ești amețită?

-Puțin, mărturisi ea zâmbind ușor.

-Și eu, zise el trăgând-o mai aproape. Dar nu de coctail ci de tine.

O sărută ușor pe buze.

-N-ai vrea să înotăm puțin în piscină?

-Ba cred că da.

-Dar nu, mai bine facem altceva...

El o srânse și mai tare și își lăsă capul în jos atingându-i fața cu răsuflarea lui.

Își apăsă gura pe a ei și buzele se desfăcură fără să opună nici cea mai mică rezistență. Gura îi fu supusă inspecției leneșe a limbii lui, care se împreună cu a ei, mângîind și cercetând până când ea ameți și cunoscu tulburarea provocată de pielea lui caldă, acoperită de păr și de catifeaua tare a puterii lui masculine care îi apăsa burta.

Îi simțea zâmbetul pe buze, sânii lipiți de pieptul lui. Trupul... Se simțea extraordinar.

-Ai răbdare. Vino cu mine. Am ceva mult mai bun.

Luându-l pe după mijloc, l-a condus în grădină. Traversară terasa rece din piatră îndreptându-se spre fundul grădinii.

-Aici este locul în care îmi place să stau când sunt singură acasă.

O semilună și o mulțime de stele sclipitoare, ceva ce nu se putea vedea în oraș, aruncau o lumină argintie și scăldau totul într-o strălucire mistică. Dintr-un ghiveci cu petunii, așezat pe ultima dintre ele trei trepte de la intrare, Roxana luă o cheie cu care deschise ușa. Făcându-i cu ochiul lui Ligiu, îl pofti să intre. El o urmă pe hol iar în capăt Roxana a dechis larg ușa.

-O cadă cu apă fierbinte! exclamă el încântat.

Apa acoperită de spumă umplea cada luminată pe dedesubt. Roxana îl privea zâmbind.

-Îți place?

-Cui nu i-ar plăcea?

-Asta e surpriza mea pentru tine, spuse ea cuprinzându-i umerii și sărutându-l ușor pe gât.

-Ai nevoie de ajutor la asta? întreabă el jucându-se cu închizătoarea rochiei.

Nu avea nevoie deloc, dar spuse "Te rog", cu o voce șoptită.

Degetele lui îndemânatice avură nevoie de mult timp pentru a desface închizătoarea.

-Am visat această clipă de nenumărate ori, să te ajut să te

îmbraci şi să te dezbraci. Lucruri mărunte specifice unui soţ, pe care eu n-am apucat să le fac niciodată.

În mod normal, n-ar fi trebuit să fie nimic sugestiv sau senzual în a descheia o rochie, dar felul în care o făcu Ligiu o înfierbântă şi o topi. Întârzie acel proces simplu, prelungind aşteptarea. În final, îi coborî încet bretelele peste umeri şi o ajută să-şi tragă rochia peste şolduri. Aceasta căzu în jurul picioarelor ei, lăsând-o numai în sutien şi slip.

El îi scoase agrafa care îi ţinea părul strâns în coadă şi acesta i se revărsă în mâini. Era mătăsos, fin, des şi ondulat. Ea scutură din cap făcând părul să-i mângîie degetele. El îşi ascunse faţa în masa mătăsoasă.

Mâinile lui începură să i se plimbe peste mijloc în sus şi în jos, remodelându-l cu palmele.

-Vrei să-ţi mai scoţi şi altceva înainte să intri?

Pentru o clipă ea se lipi de el şi îşi lăsă capul să îi cadă pe piept, apoi se desprinse de el cu delicateţe.

-Da, spuse ea şi se întoarse zâmbind. Sandalele.

-Nu la sandale mă gândisem.

Aşezându-se pe marginea căzii, el îi desfăcu bareta şi îi scoase sandalele, după care ea se cufundă în apa caldă.

-Ah, Ligiu, e minunat.

Ea apăsă pe un buton şi făcu mai mică lumina până când trupul ei părea umbra unei nimfe. Apăsă pe un alt buton şi o muzică în surdină umplu mica încăpere.

Roxana îşi rezemă capul de marginea căzii şi îl privea visătoare.

Privirile li se întâlniră şi sângele ei deveni la fel de fierbinte ca apa care o mângîia. Ochii lui erau mai albaştri şi mai pătrunzători ca oricând. O fixau sclipitori de sub acoperişul sprâncenelor.

Ea privi facinată cum mâinile lui desfăcură nasturele pantalonilor, lăsând să se vadă un smoc de păr care îi înconjura buricul. Apoi, fermoarul alunecă uşor în jos. Orice urmă de oboseală o părăsi şi inima începu să-i bată cu putere. Şortul fu lăsat în jos peste şolduri, peste pulpele musculoase şi alunecă la picioare.

Era gol. Splendid, minunat de gol.

-Nu mi-e ruşine de tine, Roxana, spuse el încet observându-i uluirea tăcută. Vreau să te uiţi la mine să mă cunoşti.

La fel de mătăsos ca şi glasul, trupul lui alunecă în apa fierbinte care îl învălui centimetru cu cenrtimetru, udându-i părul şi făcându-i pielea bronzată să lucească. Îi înconjură pulpele, îi mângîie şoldurile şi îi cuprinse burta. Roxana era vrăjită. Era superb. Buzele lui le aoperiră pe ale ei în timp ce o îmbrăţişă posesiv. Se lăsă apoi în genunchi, trăgând-o odată cu el. Mâinile lui îi alunecară peste spate, şolduri şi îi mângâiară dosul pulpelor, pe care le desfăcu încet şi o ridică spre el. Îi făcu picioarele să-i înconjoare mijlocul şi se cuibării repede şi tare în adăpostul coapselor ei.

Ea se îneca, dar nu în apa fierbinte ci în propriile pasiuni. Îl cuprinse cu braţele şi el îşi lăsă capul în jos arzându-i gâtul cu buzele.

-Ligiu, te tog aşteaptă

-Am aşteptat prea mult.

Îi desfăcu sutienul, care fu tras repede de apă. El scoase un strigăt înăbuşit de bucurie pe care ea îl imită când sânii îi atinseră pieptul acoperit de păr. Degetele ei i se încleştară în păr când mâna lui îi găsi sânul şi începu să-l maseze. Îşi trecu buzele înainte şi înapoi peste sfârc până când acesta se întări şi atunci deschise uşor gura cuprinzându-l, iar ea simţi o presiune dulce în coapse şi pântece.

-Ligiu...

O luă cu uşurinţă în braţe. Nu vorbeau, dar privirea lui, arăt de diferită de cea obişnuită, era fierbinte când îi cuprindea chipul, gâtul şi sânii, încă trandafirii din cauza apei şi a excitării.

El o luă în braţe, deschise uşa camerei şi trecu pragul spre patul spaţios. Îşi îndoi genunchii şi o aşeză pe o cuvertură moale. Se întinse şi el alături şi o sărută profund până când a ajuns deasupra ei. Îi trecu slipul peste şolduri şi peste picioarele subţiri până când ea rămase complet goală sub el. Îi sărută sânii cu buzele, cu limba, cu gura. Palmele îi alunecară peste gambe şi pulpe. Se apropia din ce în ce mai mult de ceea ce implora să fie mângîiat. Gemând, ea se arcui lipindu-se de acea promisiune rigidă pe care i-o făcea trupul lui. Trupul care se îndoi asupra ei, dornic să o penetreze.

Mâinile lui o cuprinseră şi o lipiră de el, dar nu era de ajuns. O sărută lacom. Limba îi pătrunse cu poftă în gura dulce. Îi plăcea la fel cum i-ar fi plăcut cuiva miezul zemos şi dulce al celui mai gustos fruct.

Lăsând timp ca amândoi să-şi recapete suflarea, el căută cu buzele partea de sub bărbie. Ea îşi dădu capul pe spate.

-Te doresc, Roxana. Să mă primeşti în tine, să fac parte din trupul tău.

-Da, Ligiu, spuse ea frecându-se de el şi acoperindu-i tăria cu pântecele.

-Doamne, mă omori, gemu el.

Reuşise să-l smulgă dintr-o ceaţă sexuală încât nu credea că o să mai vadă vreodată limpede. O privi complet uluit.

-Aici?

Ea rîse melodios.

-Da, e locul potrivit.

-Iubito, în momentul ăsta sunt gata de orice. Crede-mă, mi-ai găsit punctul cel mai vulnerabil. Nu mă gândesc decât la tine.

Asemeni unei flori timide care se apropiase prea mult de căldura lui, mâna ei îl atinse uşor. Era o atingere subtilă şi delicată, dar îi insufla putere. Mângâierea ei era plină de dragoste. Deodată, mâinile îi înconjurară pulpele şi îşi lăsă palmele pe fesele lui tari.

-Ligiu...
El îi simți răsuflarea ușoară. Își lipise obrazul de coapsa lui. Apoi buzele. Sărutări ușoare și delicate. Când își înclina capul într-o parte și în alta părul ei îi mângîia pielea.

-Iubește-mă, iubește-mă, Ligiu. Iubește-mă.

Priveliștea tărâmului ei feminin îl ameți. Vederea i se tulbută, practic, ceea ce îl supără fiindcă voia să soarbă fiecare detaliu – perfecțounea corpului ei și moliciunea părului cârlionțat.

Gura ei i se oferea cu generozitate, deschizându-se ca o floare pentru sărutul lui și pentru limba care o penetra grabnic.

Se cuibări în căldura ei umedă. El era tare, fierbinte și pulsa. Își înălță capul pentru a vedea efectul prezenței lui. Ochii ei se deschiseseră somnoroși, dar aruncând flăcări aurii.

-N-am mai fost iubită cu adevărat, decât de tine Ligiu. Arată-mi de fiecare dată cum e să fii iubit.

Ridicându-și capul ușor, ea îi atinse cu limba gropița de sub bărbie făcându-l să geamă.

El o acoperi cu sărutări fierbinți pe gât și pe piept. Sub privirea ei vrăjită de puterea magică a gurii lui, el și-o apăsă pe sfârc și supse.

Scoțând cu strigăt de plăcere, ea se lăsă din nou pe spate. Mângîierea lui continuă. Cu fiecare mișcare a buzelor lui, ea simți dorința încolăcindu-se în stomac asemeni unui arc strâns. Picioarele i se frecau de coapsele lui tari și părul îi gâdila dosul pulpelor. Trupurile lor goale, tânjeau după împlinire. Mâinile lor cercetătoare nu se mai săturau, nu puteau înregistra senzațiile destul de repede.

Mintea lui Ligiu funcționa febril, dar atingerea lui era blândă. Degetele îi alunecară peste abdomen și prin părul mătăsos pentru a o descoperi. Era ca o catifea caldă, udă. Ca o femeie pregătită pentru un bărbat.

O penetră încetul cu încetul. Mângîind ritmic, făcu cunoștință cu cele mai îndepărtate bogății ale ei, cu cele mai adânci mistere ale feminității ei. Era mică, strâmtă și umedă, un vis care prindea viață, unindu-l cu trupul ei perfect.

Și acele mici spasme minunate care i-au străbătut, erau ca niște răspunsuri la gândurile lui. Îi studie chipul, iar strălucirea a ceea ce simțea îi răzbătea prin piele.

Aceea era femeia. Acel trup, acel suflet. Acel gust, parfum și simț. Aceea era femeia creată exclusiv, fără echivoc. Dacă ar fi căutat în toată lumea, n-ar fi găsit alta care să i se potrivească atât de bine. Indiferent dacă avea să trăiască restul vieții alături de ea sau dacă era blestemat să trăiască veșnic fără ea, știa un singur lucru, ea era femeia lui.

Ajuns pe culmea cea mai înaltă, lăsă valul de viață din el să o inunde. Odată cu acesta intră totul, bărbăția, inima și spiritul lui.

-Roxana, Roxana, îi șopti el răgușit la ureche. Te iubesc atât de mult, scumpa mea. Iubita mea.

Era o seară caldă, dar chiar dacă n-ar fi fost, energia pe care o generaseră le-ar fi ținut de cald. Stăteau îmbrățișați pe cuvertura moale, atingându-se reciproc, explorând. Erau niște amanți satisfăcuți pe moment, care se jucau leneși.

* * *

"Nimic nu este întâmplător, sunt sigură că fiecare se naște cu un destin gata stabilit de cineva de sus, care „reglează niște conturi", că traseele noastre, atât în dragoste, cât și în carieră, sunt prestabilite, iar dacă se întâmplă răutăți, tot acel om sau alții au intervenit în acel destin. Eu cred în ordinea universală, care se strică numai din cauza oamenilor. Noi suntem responsabili de răul care ni se întâmplă, noi sau cei care sunt împreună cu noi suntem responsabili de asta", citește Eliza în jurnalul ei rândurile pe care le-a scris cu câteva luni înainte de a începe tratamentul.

Era târziu și o cuprinse somnul. Un nou coșmar pune stăpânire pe ea.

„Ajunge! Pleacă! Nu mă mai chinui! Lasă-mă în pace! Ne

apără Ligiu atât pe mine cât şi pe băieţel! Aşa că, încetează! Pleacă!"

Eliza se învârte în pat când pe o parte când pe alta. Ligiu intră încet şi se apropie de pat. Eliza e transpirată. Întinde mâna şi o atinge.

-Nu!

-Iubito, eu sunt! Ce ai?

-Pleacă! Te omor!

-Linişteşte-te, Eliza, eu sunt Ligiu. Calmează-te. A fost doar un vis urât.

-Da, am vistat. Doamne, ce vis... Un bărbat mă ameninţa şi nu puteam să-i văd chipul, însă simţem că voia să-mi facă rău.

-Mi se pare că te aperi foarte bine, observă el cuţitul pe noptieră. Când l-ai adus aici?

-Auzeam zgomote ciudate aseară când m-am aşezat în pat şi m-am speriat. M-am dus la bucătărie şi l-am luat pentru siguranţă.

-Cred că pastilele alea, în loc să-ţi facă bine, îţi fac doar rău. Cum ne înfruntăm problemele cu cuţitul ăsta? Fii serioasă, Eliza!

-N-o să mă părăseşti, nu?

-Să luăm lucrurile pe rând, da? Acum, încearcă să te odihneşti. Trebuie să fii liniştită, calmă. Mai avem multe de discutat şi nu o putem face până nu vei fi lucidă.

* * *

A doua zi la micul dejun, Ligiu o serveşte pe Eliza cu un pahar cu lapte şi o întreabă:

-Cum te simţi în dimineaţa asta, după noaptea pe care ai petrecut-o cu cuţitul lângă tine?

-Destul de bine. Chiar dacă, mărturisesc, nu-mi amintesc prea multe.

-Nu-ţi aminteşti ce s-a întâmplat? Iubito, aproape că m-ai

înjunghiat! Ai visat urât şi nu m-ai recunoscut când te-ai trezit.
-E adevărat, îmi amintesc ceva. Cum de te-am atacat tocmai pe tine?
-Nu-ţi face griji, erai tulburată. Nu trebuie să mai iei medicamentele alea. Vorbesc serios. Cred că au în compoziţie substanţe halucinogene şi îţi fac rău.
-Nu pot să mă lipsesc de ele, şi nu reuşesc să umplu golul ce mă înconjoară.
-Te rog, o să te vezi azi cu doctorul şi vreau să-i spui ce s-a întâmplat astă noapte. Nu vreau să mai iei medicamentele alea. Nu-ţi folosesc la nimic. E important să stai de vorbă cu doctorul. Nu uita! Înţelegi sau nu?
-De acord.
-Aşa e mult mai bine. Nu pot să vin cu tine, trebuie să merg la birou. Nu te deranjează, nu?
-Nu-i nimic, Ligiu. Iau un taxi.

* * *

După-amiaza, în drum spre casă, tatăl lui Ligiu se abate pe la fiul său, despre care nu mai ştia nimic de câteva zile.
-Bună, tată. Ce vânt te aduce?
-Eram în trecere şi m-am gândit că... Eliza cum se mai simte?
-Cum vrei să se simtă! Cred că-i mai rău. Nu ştiu. După părerea ei, eu sunt singura problemă. Cred că trebuie să divorţăm. Ce părere ai? Poate e singura posibilitate de a...
-Deci aşa stau lucrurile... Chiar crezi că nu se mai poate face nimic?
-Să jucăm cu cărţile pe faţă! N-o mai iubesc pe Eliza, tată. N-o mai iubesc deloc. Nu o mai suport, tată, e clar? Am încercat să vorbesc cu ea, dar nici nu vrea să audă. Gata, totul între noi s-a încheiat, nu o mai suport! Mă înţelegi?
-Normal, starea în care e... Poate nu-i momentul potrivit

să vorbești despre anumite lucruri. Așa e femeia. Știi cum e o femeie care are nevoie de mângîiere...

-Așa este. Nu ți-am spus însă că în perioada asta e foarte dură cu mine.

-Scuză-mă, dar la început ai fost mai înțelegător cu ea. De când a început să sufere din cauza poveștii cu copilul, cine știe, poate că ea săraca...

-Lasă-mă în pace! Știu doar că pentru mine situația a devenit insuportabilă. Nu cred că se mai poate face ceva. Trebuie să întrerupem orice relație și să rezolvăm totul fără durere. Mai ales pentru ea. Știi bine, eu sunt puternic și cad mereu în picioare. Ea în schimb trebuie neapărat internată. Nu are niciun rost să ne mai chinuim. Acolo în spital trebuie să urmeze un tratament sub strictă supraveghere, altfel cine știe ce se va întâmpla cu ea. Eu nu mă simt vinovat cu nimic și încă ceva, nu vreau să înnebunesc și eu alături de ea. Sunt tânăr și am toată viața în față. Ești bărbat, mai mult ești tatăl meu și cred că ești de acord cu mine.

* * *

Eliza ajunge la cabinet și-i spune psihoterapeutului că deseori are niște vise îngrozitoare, adevărate coșmaruri.

-Apoi, a apărut același bărbat căruia nu reușesc să-i văd deloc chipul.

-Mă tem că pastilele alea blestemate sunt de vină, îi spune medicul. Ți-am spus de atâtea ori că sunt împotriva folosirii medicamentelor în timpul terapiei.

-Știu, dar eu...

-Încearcă să nu le mai iei. Cel puțin pentru câteva zile. Referitor la jurnalul tău...

-Da?

-Nu cred că te poate ajuta prea mult. Vorbești în el despre o lume care nu are nimic în comun cu adevărata ta viață. Scrii despre niște lucruri foarte frumoase, pe care ai vrea să le trăiești,

dar care, în realitate, nu ți s-au întâmplat. Totuși, în spatele acestei măști, dintre rânduri răsar adevăratele tale temeri, frustări care au drept cauză tocmai acest bărbat fără chip care te amenință. Această figură misterioasă reprezintă conflictele tale interioare. Nu te poți comprima între paginile unui jurnal, Eliza. Trebuie să le lași să explodeze înainte să explodezi tu. Dacă ești de acord cu mine, aș vrea să folosesc altă metodă. Întinde-te pe acest pat.
    -Eu nu sunt...
    -Vino, nu te teme! Întinde-te pe acest pat.
    Eliza se întinde pe pat.
    -Respiră adânc, relaxează-te. Închide ochii și relaxează-te, continuă el. Ești într-o galerie. Nu e prea mare, dar o parcurgi fără teamă. La capătul ei se vede o scară ce coboară în adânc. E penumbră. Dintr-o dată, se ivește intrarea într-o cavernă, ca o grotă. Mergi înainte, o parcurgi. La capătul ei, în cel mai întunecat ungher, e cineva. Poți să-l vezi sau s-o vezi?
    -Da...
    -Bine. Mai apropie-te puțin. Reușești să recunoști cine e?
    -Da, e bărbatul care mă amenință.
    -Mai apropie-te încă puțin. Încearcă să-l privești cu mare atenție.
    -Nu pot. Trăsăturile lui sunt neclare, întunecate...
    -Apropie-te și mai mult. Încerc să-i privești cu atenție chipul. E important să-l recunoști.
    Eliza se concentrează și chipul capătă contur. Întunericul lasă să-i apară în față chipul lui Ligiu.

* * *

Eliza iese din baie, se întinde în pat și după ce răsfoiește o revistă simte că pleoapele sunt tot mai grele și stinge veioza. Au fost de ajuns câteva minute ca moș Ene să vină pe la gene.

Brusc însă, Eliza se trezește din cauza unor zgomote și aprinde veioza. Se ridică din pat, iese din dormitor și intră în sufragerie. Pe canapea, Ligiu zăcea într-o baltă de sânge. Înspăimântată se apleacă și îl cuprinde cu brațele să îl ridice, dar nu reușește. Disperată aleargă desculță la ușa vecinei.

Pentru moment, bătrâna care ațipise în fața televizorului, crede că aude vocea actriței din film, dar se dezmeticește auzind bătăile din ușă și deschide.

-Ce s-a întâmplat? Dumnezeule! Doamna Eliza, sunteți plină de sânge, sunteți rănită?

-Nu, nu eu. Soțul meu... Nu știu ce să fac.

-Ați chemat ambulanța?

-Nu, nu știu ce... Mi-e frică! E sânge peste tot.

-Liniștiți-vă! Așteptați! Iau cheile, închid și vin.

În cămașa strânsă în mîini, Eliza o așteaptă pe vecină tremurând în fața ușii.

Femeia iese cu cheile în mână, dar nu înainte de a chema ambulanța și poliția. După ce închide ușa, bătrâna doamnă se îndreaptă spre apartamentul din stânga palierului.

Eliza o urmează tremurând de frică și de frig.

-Doamne, Dumnezeule! Ce s-a întâmplat aici? se crucește bătrâna.

Mai repede ca de obicei, cei de la ambulanță și de la poliție sună la ușă. Ligiu este luat pe targă și scos din cameră.

-O să vedeți că totul va fi bine, îi spune doctorul comisarului Albu, care intră pe ușă. Nu e decât rănit.

-Vreo urmă de intrare cu forța în locuință? întreabă comisarul.

-Din câte se pare, nu, îi răspunde inspectorul Damian.

-Mă întreb de ce ar veni un hoț, să nu fure nimic?! Și culmea, apoi să îl înjunghie pe domnul Vancea, care dormea linșitit.

-Asta mă întreb și eu, domnule comisar.

-Doamna Vancea va spus ceva? o întreabă comisarul pe

bătrână.

-Nu, pentru că e total bulversată.

-Atunci, tu du-te la spital, Damian, şi anunţă-mă imediat ce afli ceva despre el. Stai puţin, Damian! Rudele au fost anunţate?

-Nu, domnu" comisar.

-Fă-o imediat! Anunţă-i pe părinţii celor doi.

-Sigur...

Comisarul se apropie de Eliza.

-Îmi pare rău pentru ce s-a întâmplat, dar o să încercăm să rezolvăm totul. Dumneavoastră sunteţi doamna care ne-a anunţat, nu?

-Da, locuiesc alături, mă numesc, Neagu.

-Asta ar trebui să fie arma, domnule comisar, îi arată inspectorul Damian cuţitul pe care l-a introdus într-o pungă de plastic..

-Luaţi-l de aici! schiţează bătrâna un gest de silă.

-Are dreptate. Du-l la laborator şi anunţă-mă când vin rezultatele.

Eliza, tremură şi priveşte în gol. Bătrâna dă să plece.

-O secundă, doamna Neagu. Am notat bine? Maria Neagu, născută în O..., la data de 12 februarie 193...

-Scuzaţi-mă, dar de ce aveţi nevoie de datele mele?

-Aşa se obişnuieşte, doamnă. Aţi putea depune mărturie, aşa că trebuie să ştim unde vă găsim.

-Înţeleg.

-Scuză-mă, Eliza, te simţi în stare să răspunzi la câteva întrebări?

Ea confirmă dând din cap.

-Poţi să-mi spui ce s-a întâmplat? Hai, curaj!

-Nu-mi amintesc, nu ştiu.

-N-ai văzut, practic, cine l-a înjunghiat pe Ligiu?

-Nu, nu ştiu... îşi frământă ea mîinile.

MISTER

—Linişteşte-te, o să mai vorbim. Acum îmbracă-te. Doamnă, puteţi să-mi spuneţi ceva mai mult?
—Da. Mă uitam la un film la televizor.
—La ce oră se întâmpla asta?
—Târziu. Pe la miezul nopţii. Am auzit bătăi puternice în uşă. Era doamna Eliza, care cerea ajutor. Era foarte agitată şi plină de sânge. Mi-a spus că soţul ei e rănit.
—Apoi ce s-a întâmplat?
—Am venit repede în apartamentul lor şi l-am văzut pe domnul Vancea întins pe canapeaua din sufragerie, într-o baltă de sânge.
—Când aţi ieşit, n-aţi văzut, pe nimeni, nimic?
—Nu, nu cred.
—Bine.
—Vă rog să rămâneţi la dispoziţia noastră pentru o eventuală declaraţie. Vă mulţumesc, puteţi pleca.
—Doamna Eliza, dacă aveţi nevoie de ceva, chemaţi-mă, sunt acasă, îi spune bătrâna şi pleacă.
—Eu trebuie să fac totul. Eliza, trebuie să te schimbi, fiindcă cei de la laborator au nevoie de cămaşa ta de noapte.
—Dar e murdară...
—Trebuie s-o examinăm. Apoi, te duc la Poliţie, îi spune comisarul Albu.

* * *

În ultima vreme, sora lui Ligiu, avocata Dana Deac, a fost foarte solicitată. Faptul că i-a mers vestea că e un avocat foarte bun e ceva deosebit Toată lumea o solicită doar pe ea, de parcă n-ar ma fi alţi avocaţi la Judecătorie. Şi toate aceste procese îi răpesc chiar şi puţinul timp pe care ar vrea să-l petreacă alături de fetiţa ei care nu a împlinit un an. E adevărat că Nina o iubeşte pe fetiţă şi se ocupă de ea, dar şi-a dat seama că de câte ori rămâne

cu Marc, acesta nu prea are răbdare și fetița plânge.
-Nu știu ce ai, dar ești tare rea! se răstește Marc la fetiță, dar văzând-o cât e de speriată și că e gata să plângă din nou, schimbă tonul. Nu te înțeleg de ce plângi. Ți-am dat păpușa, ce mai vrei? Hai, nu mai plânge.
Fetița îl privește cu ochii scăldați în lacrimi și strânge păpușica la piept, în timp ce cu mânuța își bagă suzeta în gură.
Marc deschide agenda, în care găsește cartea de vizită a fostei lui prietene și formează numărul de telefon:
-Alo! Bună! sunt Marc.
-Marc!
-Scuză-mă, dacă te deranjez. Ești singură? Poți să vorbești?
-Da, sunt singură. Cum de ți-a trecut prin cap să mă suni?
-Scuză-mă, Corina! Simțeam nevoia să te aud. Îmi lipsești mult! Vrei să vin la tine?
-Te rog, gata! Soțul meu e pe aici pe aproape.
-Spune tu unde și când, insistă Marc. Poate... Nu pot să stau fără tine. Înnebunesc...
-Ajunge, Marc! Nu mai suport! Nu pot să te ascult, mă derutezi, nu-mi pot permite asta. Am viața mea. Totul e așa greu! Te rog, iartă-mă! Iartă-mă! îi spune ea și închide telefonul.
Fetița începe să plângă din nou. Nemulțumit de răspunsul primit, Marc se răzbună pe copilul nevinovat:
-Taci! Nu mai plânge! Toată ziua ai plâns, vrei să încetezi?!

* * *

Când îl cunoscuse pe Marc și începuse să îl iubească, Dana i-a șoptit emoționată:
-Știi Marc, eu aș vrea ca dragostea noastră să nu se schimbe niciodată.
El o sărutase delicat pe frunte, apoi i-a spus:
-Depinde numai de noi!

S-au căsătorit... Curând s-a născut Ana. Dana se pregătea pentru doctorat. Continua să se împartă între Judecătorie, studiu, gospodărie și Ana. Se simțea adesea obosită, dar mai ales nemulțumită în ultimul timp. Cu Marc se întâmpla ceva. Devenise nervos. Orice lucru îl contraria... Știa că meseria de polițist îi dădea multă bătaie de cap, dar chiar să îi răpească așa tot timpul, să îl facă să nu își mai aparțină deloc, nu se gândise...

Dar și pe ea o solicita serviciul, pentru că Judecătoria nu era în apropiere și drumul destul de lung o făcea să ajungă seara acasă. Era mulțumită că își pregătea doctoratul în drept.

În ultima vreme însă altele erau gândurile care nu o părăseau... Marc se îndepărta pe zi ce trece de ea, de casă și oricât de mult se întreba „de ce?" îi era imposibil să descopere cauzele indiferenței lui... O urmăreau aceleași întrebări, așa cum de altfel o urmărea și acel „mama, mama!", ca un strigăt de ajutor, după care Ana fugea imediat, cât o țineau piciorușele, prin casă cu țarcul. Ea privea de fiecare dată cu tristețe această fugă.

-Crește prea singură! îi spusese într-o zi lui Marc, vorbind despre fetiță.

-Dar ce, tu ai crescut altfel. Părinții tăi nu mergeau la servici? Sora ta a venit pe lume după cinci ani, a fost răspunsul lui, iar ea a preferat să întrerupă discuția.

Ca de obicei, când se întoarce acasă, Dana deschide ușor ușa, ca să nu o trezească pe fetiță dacă doarme și îl aude pe Marc țipând.

-Ce faci, Marc? Așa crezi că trebuie să te porți cu Ana? De ce plângi, scumpa mea, se apleacă ea și o ia pe fetiță în brațe.

Imediat ce o leagănă puțin în brațe, fetița adoarme și Dana o așează în pătuțul ei, apoi revine în sufragerie.

-Aștept, Marc. Vreau să-mi spui ce e cu tine, de ce ești așa de tulburat?

-Nu-i așa simplu.

-Îmi închipui. Te iubesc, sunt nebună după tine, dar dă-mi

posibilitatea să te ajut. Întotdeauna am înfruntat orice problemă împreună. Trebuie s-o facem și acum, nu crezi?

-Categoric. În primul rând, nu mă simt bine.

-Știu, văd asta. Dar de ce?

-Din cauza Corinei.

-A Corinei? Iar femeia asta...

-Stai puțin, să-ți explic. Mai ții minte că ți-am spus că am cunoscut o fată, pe nume Cora care cânta la restaurantul „Steaua" cu un grup... Și care semăna foarte mult cu Corina.

-Sigur, îmi aduc aminte. Iarăși povestea asta? Nu crezi că ar trebui să termini cu asta?

-Adevărul este că... Ascultă-mă! Fata asta e chiar Corina.

-Termină, Marc! Ești bolnav, trebuie să te tratezi. Asta este o obsesie!

-Nu e o obsesie, ci adevărul. E Corina.

-Nu pricep, de ce trebuie să-ți faci atâta rău. Corina a murit. Trebuie să accepți asta.

-Corina trăiește! Și-a schimbat doar numele.

Dana îl lasă să vorbească și intră în baie.

-De ce nu mă asculți? Nu se întâmplă nimic, îi spune el și își umple paharul cu wisiky.

-Bine că am reușit să fac un duș. Să vorbim încet ca să nu se trezească fetița.

-Desigur. De ce nu stai jos puțin să continuăm discuția?

-Pentru că mi-e somn și sunt obosită și nu am chef să ascult prostiile tale.

-Te rog, o clipă doar.

-Bine, acceptă ea oftând și se așează în fotoliu.

-Când am văzut-o pe Cora, prima oară, am avut o îndoială, că ar fi vorba despre Corina. Semăna atât de mult cu ea, încât... Crede-mă...

-Știu, mi-ai spus asta. Și?

-Nu aveam linişte. Trebuia să-i vorbesc şi să lămuresc situaţia asta. Tu m-ai sfătuit, îţi aminteşti, nu? Dar ea a început să mă evite.
-Sigur. O fi crezut că eşti vreun mitoman.
-Nu, încerca să-mi ascundă adevărul.
-De ce vorbeşti fără sens, Marc?
-Cora şi Corina este una şi aceeaşi persoană.
-Nu mai vreau să ascult niciun cuvânt.
-De ce nu vrei să mă crezi?
-Pentru că e absurd, Marc! Urmăreşti o fantasmă şi eu nu pot accepta!
-Cu fantasma asta am făcut dragoste.

Dana îl priveşte lung, se ridică din fotoliu şi se îndreaptă spre uşa dormitorului.

-Acum două săptămâni...
-Poftim?! se opreşte ea în prag.
-Şi cu fantasmele nu se face dragoste! continuă Marc sigur pe situaţie.

Ochii lui Dana se umplu de lacrimi.

-Nu-i adevărat, şopteşte ea şi deschide uşa.
-Stai pe loc o clipă.
-E un coşmar. Trăiesc un coşmar! se întoarce ea şi măsoară camera dintr-un capăt în altul.
-Totul e adevărat, iubito.
-E adevărat totul?
-Da.
-Atunci, repetă!
-Am făcut dragoste cu ea.
-Cum ai putut? Mi-ai promis că o să mă iubeşti şi că n-o să mă înşeli niciodată!
-Ştiu că-i greu de înţeles. Dar când Corina... Credeam că murise... Când am văzut-o am fost bulversat.

-Bulversat. Sigur... Exact. Și atunci te-ai gândit să-ți oferi luxul de a face ce vrei. Bravo! Felicitări!

-Ești nedreaptă. A fost ceva omenesc. N-am putut să mă controlez.

-N-ai putut să te controlezi?! Eu nu mai însemn nimic pentru tine? Nu mai exist? Ești un laș! îi spune Dana și începe să plângă. Puteai să-mi spui! Am fi putut înfrunta totul împreună.

-Ți-aș fi făcut rău. Am vrut s-o fac, dar n-am vrut să te rănesc, înțelegi?

-Adevărul e, că nu ți-a păsat de mine, de fetița ta, de familia ta. Ești un egoist nenorocit!

-Nu vorbi așa, iubito.

-Nu-mi mai spune „iubito"!

-Nu voiam să te fac să suferi.

-Atunci, de ce te-ai culcat cu femeia aia, oricine ar fi ea? De unde știi că e Corina?

-Mi-a spus chiar ea.

-Dar povestea aia, că o omorâse banda aceea pe care o urmăreai tu?

-A fost o înscenare a poliției. Nenorociții ăia o găsiseră și voiau s-o omoare. Din fericire, cel care trebuia să o facă, era un polițist sub acoperire.

-De aceea a dispărut?

-Da. Au băgat-o într-un program de protecție, au trimis-o în străinătate și i-au schimbat identitatea.

-Nu știu ce să mai spun. Ceea ce mă doare cel mai mult e că a fost de ajuns atât de puțin ca să se șteargă tot ce am făcut împreună.

-Ce spui? Știi mai bine ca mine că tu și Ana sunteți cele mai importante din viața mea. Trebuie doar să acceptăm că situația asta e grea pentru amândoi în aceeași măsură.

Telefonul le întrerupe conversația.

-Doamne, ce mai e? La ora asta! se îndreaptă ea spre telefon și ridică receptorul. Alo! Tată, de ce suni la ora asta? Cum? Nu se poate! Bine. Vin imediat.

-Ce s-a întâmplat?

-Asta mai lipsea. Fratele meu e în spital. A fost internat de urgență.

-Ce a pățit? Un accident?

-Nu știu, n-am înțeles. Fug la spital.

-Iubito, pot să fac ceva?

-Ai făcut destul, Marc.

* * *

Ambulanța gonea pe străzile pustii la acea oră.

Aerul acelei nopți de toamnă timpurie era înțepător și limpede, mirosea a must proaspăt iar frunzele copacilor, prin preajmă rugineau încet.

Dacă te-ai fi aflat pe stradă ai fi observat cum vechi turnuri crenelate, știrbite de vreme, împingeau gândurile spre istorie, o istorie care, în loc să te bucure pentru măreția sa, te întristează, fiindcă-ți amintește de moarte.

Ambulanța ajunge la spital și targa pe care zace Ligiu este introdusă repede la urgență.

-Ce s-a întâmplat? întreabă medicul de gardă.

-O rană înjunghiată în partea dreaptă. Pare foarte grav, răspunde medicul de pe ambulanță. Pacientul a pierdut mult sânge. Pulsul e foarte slab, continuă el.

-Ligiu Vancea! îl recunoaște medicul Bogdan, fost coleg de liceu al Elizei și bun prieten cu cei doi. Dumnezeule! Să fie pregătită repede sala de operație! Cheamă-l pe doctorul Dobocan.

-Da, domnule doctor, răspunde asistenta.

-Ce s-a întâmplat? se apropie doctorul Bogdan de inspectorul Damian.

-Așa a fost găsit în patul său. Probabil a fost atacat în somn.
-Și Eliza? Unde e? Cum se simte?
-E bine. Părea în stare de șoc. Era plină de sânge.
-Domnule doctor, veniți! Sala e pregătită.
-Eu rămân aici. Anunțați-mă când terminați, îi spune inspectorul.
-Bine.
Doctorul Bogdan intră în sala de operație.

* * *

Sunetul prelung al telefonului îi trezește și pe părinții Elizei.
-Lasă-l să sune, mormăie Sebastian. O fi iar vreo greșală. Imbecilii ăștia nu au altceva de făcut decât să telefoneze noaptea. Șrii doar că s-a mai întâmplat. Nu-ți amintești când a sunat individul acela în puterea nopții și ți-a spus să lași ușa deschisă că în cinci minute vine? Unde să vină că eu eram cu tine în pat? Ce prost! Să nu te prezinți, să nu întrebi cu cine vorbești?! Cine știe cum a nimerit acolo unde s-a dus. Bine ar fi fost să-l cotonogească...
-Dă-l naibi de tâmpit! Răspunde, Sebi. Poate e ceva important, insistă Felicia.
-Dormi! Lasă-l naibii de telefon, îi spune el și trage plapuma peste cap.
Telefonul continuă să sune. Nervos, Sebasatian se ridică din pat, se îndreaptă spre hol și ridică receptorul.
-Da? Cum? Emil, nu înțeleg. La Poliție? Da, sigur, vin imediat.
-Cine era?
-Emil Albu, comisarul.
-Ce vroia?
-Nu știu, au dus-o pe Eliza la poliție.
-Pe Eliza? De ce?
-De ce, de ce?! Mă întrebi de parcă aș fi fost acolo.

-Ce s-a întâmplat, insistă Felicia?
-Nu ştiu. Nu mi-a spus.
-Dumnezeule! Îmbracă-te, trebuie să mergem imediat! Nu ți-a spus chiar nimic?
-Nu. Ți-am zis că nu mi-a spus nimic.
-Doamne, cu ce să mă îmbrac? Cum nu ți-a spus nimic? E teafără?
-Nu mi-a spus nimic, femeie, pentru numele lui Dumnezeu, înțelege o dată! Îmbracă-te repede şi hai să mergem!
-Stai puțin. Doamne, cum se pune asta?, întoarce ea pe toate părțile bluza din cauza emoțiilor.

* * *

După ce urcă în fugă scările până la etajul unu, Dana ajunge în fața sălii de operație, acolo unde o aşteaptă părinții ei şi inspectorul Damian.
-Bună dimineața, domnul Damian! Bună, tată!
-Bună dimineața, doamna aocat. Îl operează doctorul Dobocan şi doctorul Bogdan. Îi cunoaşteți, nu?
-Sigur, Bogdan e un prieten din liceu. În ce stare e Ligiu? Viața lui e în pericol? îl întreabă Dana pe inspector.
-Nu ştiu să vă spun nimic, doamna avocat.
-Încă nu-mi vine să cred, tată. Ce s-a întîmplat?
-Nu ştiu nici eu, Dana. Putem afla măcar ce s-a întâmplat?
-A fost înjunghiat. Cel puțin deocamdată asta ştim. Nu am găsit urme de intrare forțată, le spune onspectorul.
-Atunci cine i-a făcut aşa ceva? Pot să ştiu cine a fost? insistă Dana.
-Când am intrat în apartament am găsit-o doar pe soția lui acolo şi o vecină.
-Unde e Eliza? Şi ea e rănită?
-Nu. Era plină de sânge şi în stare de şoc. N-a reuşit să ne dea

nicio explicație. Stați liniștiți, comisarul Albu se ocupă de acest caz.

-Ne puteți spune cum se simte Ligiu? De cât timp e în operație?

-Cam de când v-a sunat domnul comisar.

-Scuzați-mă, fiul meu e în sala de operație? se adresează el unei asistente care tocmai se îndrepta într-acolo.

-Dacă este vorba despre Ligiu Vancea, da este în sală. L-au adus în noaptea asta.

-Am vrea să știm cum decurge operația. Ne puteți spune ceva?

-Doar că nu s-a terminat încă. Mă scuzați, atâta știu. Trebuie neapărat să le spun că a sosit sângele. Dați-mi voie, au spus că e urgent.

-Cât mai durează? Nu mai pot să aștept!

-Nu mai plânge, mamă! Va fi totul bine... încearcă să o liniștească Dana.

-Simt că înnebunesc.

-O să vezi că Ligiu se va face bine. Fratele meu este puternic, îi șoptește Dana. Parcă e un blestem care îi afectează pe toți cei pe care îi iubesc, oftează ea.

-De ce spui asta? Nu-i adevărat!

-Marc m-a înșelat.

-Poftim?

-Nu cu una oarecare, ci cu marea lui dragoste, cu cea pe care o cheamă Corina.

-Care Corina?! Stai puțin, dar nu era moartă?

-E o poveste lungă. O să vă spun mai târziu. Îmi pare rău că mă vedeți în starea asta.

-Dpamne ferește! Asta mai lipsea, să suferi și tu, o prinde tata pe după umeri. Nu te mai gândi la asta acum. Mă duc să-ți aduc o cafea.

-Mulțumes, tată. Am nevoie!

-Ăsta e singurul lucru pe care-l putem face, să bem o cafea, spune el și coboară scările.

* * *

La Poliție, lui Eliza îi sunt adresate primele întrebări, de către comisarul Albu, jenat că tocmai fiica celui mai bun prieten este în fsța sa:

-Eliza, spune-mi, te rog, unde erai când a fost rănit soțul tău?

Cu ochii plini de lacrimi și capul sprijinit în mîini, Eliza e încă în stare de șoc.

-Îți aduci aminte că a fost rănit?

-Doamne, tot sângele ăla!

-Și cămașa ta de noapte era plină de sânge. De ce?

-Poftim?!

-Cămașa ta de noapte era plină de sânge.

-Plină de sânge! Dumnezeule!

-Vreau să știu de ce era murdară de sânge cămașa ta de noapte?

-Nu știu.

-S-o luăm de la început. Eliza, unde ai fost aseară? Ce ați făcut tu și Ligiu?

-Nu se poate! își acoperă ea fața cu mînile. Dar, după aceea, nu mai știu. Da, nu-mi amintesc... Nu știu... E imposibil, nu eu am...Nu se poate una ca asta... Eu îl iubesc pe Ligiu.

-Eliza, ascultă-mă te rog. Aseară ați ieșit și ați fost la restaurant, ce ați făcut?

Părinții Elizei intră în biroul comisarului.

-Mamă!

-Scumpa mea! Bună ziua, Emil!

-Bine că ați venit!

-De ce este Eliza aici? întreabă Sebastian.

-Ce s-a întâmplat, scumpo? se apropie de ea mama. Nu-ți face griji iubito, o îmbrățișează ea. Am venit să te luăm acasă.

-Îmi pare rău, dar Eliza nu poate pleca. Trebuie să rămână aici, să răspundă la întrebări.

-Cum așa? De ce?

-Nu pot să-i dau drumul. E arestată.

-Reținută! Ce înseamnă asta? O duc imediat acasă.

-Te rog, Sebastian! Eliza trebuie să rămână aici.

-Ce-a făcut ca să fie tratată ca un criminal? întreabă Felicia.

-Facem cercetări. Deocamdată Eliza e acuzată de tentativă de omor, le spune comisarul.

-Poftim? nu-i vine să creadă ce aude lui Sebastian. Ce tentativă? Ce spui?

-Cum e posibil!? Eliza, fetița mea... plânge Felicia.

-Cum ar fi putut fetița mea să... Pe cine a încercat să omoare? insistă să afle Sebastian.

-Pe ginerele tău, pe Ligiu. E internat în spital, dar sperăm să se facă bine.

-Nu pot să cred! îi replică Sebastian.

-Ligiu! exclamă Felicia.

-Da. A fost găsit înjunghiat pe canapea în sufragerie, iar Eliza era în casă cu cămașa de noapte pătată de sânge. Negrea, vino puțin! Te rog să o duci dincolo pe doamna Vancea.

-Spune ceva, Eliza! Nu ai nicio legătură cu asta, nu-i așa? o întreabă tata.

-Bună ziua, domnule, doamnă! îi salută gardiana. Urmați-mă, vă rog, îi spune ea Elizei.

-La revedere, scumpo, îi spune tata.

-Stai liniștită, o să vezi că totul se va rezolva. Nu-ți face griji, o îmbrățișează mama. Tu nu puteai să faci așa ceva, acumpa mea...

-Îmi pare rău, doamnă! Trebuie să plecăm, îi spune gardiana și o urmează pe Eliza.

-Luați loc! O să vă pun șu vouă câteva întrebări, le spune comisarul.

Felicia își șterge lacrimile și se așează pe scaun, urmată de Sebastian, căruia îi scapă un oftat.

-Mai întîi, vreau să știu dacă au existat conflicte între Eliza și Ligiu în ultima vreme.

-În ultima vreme nu se înțelegeau prea bine, dar asta nu înseamnă nimic, nu? îi spune Felicia, pe chipul căreia se citea că se teme pentru fiica ei.

-E ceva normal, Emil! intervine Sebastian.

-Cum a reacționat Eliza la aceste probleme?

-Nu prea se simțea bine. E adevărat că am sfătuit-o să consulte un specialist. Un psihoterapeut. Cum îl cheamă? A, da, Marian.

-Un psihoterapeut? Data trecută când a dispărut și voi erați neliniștiți, parcă a fost la biserică și era sub efectul medicamentelor, nu?

-Sărmana fiica mea, nu credeam că va ajunge să facă așa ceva, murmură Felicia plângând.

-Ce spui Emil! Fiica noastră nu se poate...

-Nu am spus asta, Sebi! Nu cred nici eu că ar fi putut ea să facă asta.

-E puțin deprimată, săraca! Iar o persoană deprimată nu-și înjunghie soțul! continuă Sebastian.

* * *

Doctorul Dobocan iese din sala de operație și se apropie de Dana și de părinții ei, care așteptau nerăbdători.

-Ce se întâmplă, domnule doctor?

-Am cusut artera.

-E în afara pericolului?

-Oricum, ficatul n-a fost afectat în mod iremediabil, deși a trebuit să extirpăm o parte.

-Dumnezeule! Și acum?

-Trebuie să așteptăm. E tânăr și sperăm că procesul de vindecare va fi rapid, astfel ca să putem să dăm un diagnostic cât mai repede.

* * *

După ce a fost scos de la reanimare, în salon, Ligiu este vizitat de părinți, de sora sa Dana și de tatăl Elizei. Dana îi spune în câteva cuvinte ce s-a întâmplat.

-Cum adică au încercat să mă omoare?!

-Din păcate, nu știm Ligiu. Important e să-ți amintești cine a făcut asta, îi spune Dana.

-Ce întrebare? Nu știu. Dormeam.

-Trebuie să-ți amintești ceva.

-Lăsați-l în pace! Nu e momentul potrivit, intervine mama.

-Nu știu. Îmi amintesc doar că, lângă mine era o umbră care s-a aplecat și...

-Și? intervine tata.

-Apoi, am văzut un cuțit și am simțit o durere îngrozitoare.

-Stai liniștit. Va fi totul bine. Nu trebuie să te gândești decât la însănătoșirea ta.

-Cine m-a adus la spital?

-O ambulanță. Au venit foarte repede și cei de la poliție și ambulanța.

-Da? Înseamnă că am ceva grav?

-Aveai o rană în partea dreaptă. A fost necesară o intervenție chirurgicală la ficat, îi explică Dana.

-Dumnezeule! Am fost înjunghiat?!

-Stai liniștit. Nu e nimic grav. A decurs totul bine, îi spune tata. Din fericire, nu există urmări.

-Cum de au făcut asta? Cine m-a înjunghiat? Hoții? Ce s-a întâmplat? Au furat ceva? În casă nu erau bani.

—Nu, uşa casei e intactă. Nu există urme de pătrundere forţată şi nu lipseşte nimic.

—Atunci, cum...

—Se crede că Eliza te-a înjunghiat... Din păcate au găsit-o plină de sânge, îi explică Sebastian. Nu-şi poate explica ce s-a întâmplat.

—Culmea! Nu pot să cred. Ştiam că e labilă psihic, dar nu credeam că soţia mea e în stare de aşa ceva.

—E absurd. Nu se poate, nu a fost Eliza, intervine Sebastian. Tu crezi că ea te-a înjunghiat?

—Nu. Nu crede asta, îl mângîie sora lui, pe frunte. Nici eu nu cred, pentru că o cunosc foarte bine pe Eliza. Ea nu ar fi putut face aşa ceva. După ce-ţi vei aminti totul, o să vezi că Eliza n-a avut nicio legătură cu povestea asta.

* * *

De când a aflat ce s-a întâmplat cu fiica ei, ochii Feliciei nu s-au uscat de lacrimi. Monica, fiica cea mică, se apropie de ea şi o prinde pe după umeri.

—Înţeleg că eşti îngrijorată pentru Eliza, dar trebuie să te linişteşti, mamă.

—E greu, Monica. Oare cine bate la uşă? Du-te şi deschide.

—Bună ziua!

—Bună, Emil. Ai veşti despre Eliza?

—Da. Procurorul a confirmat arestarea şi judecarea în caz de procedură specială.

—Poftim?!

—A fost prinsă în flagrant. Există martori, amprente digitale peste tot... le spune comisarul.

—Dumnezeule! izbucneşte în plâns Felicia.

—Îmi pare rău că v-am adus o astfel de veste.

—Asta înseamnă că va fi dusă la închisoare?

-Nu. Am stabilit să fie arestată la domiciliu, având în vedere starea ei psihică.

-Măcar asta e o veste bună, intervine sora Elizei.

-Trebuie să-i găsiți un avocat bun, o sfătuiește comisarul pe Felicia. Deocamdată, la primele audieri, poate presta și un alt avocat.

-Da... oftează Felicia și ridică receptorul telefonului. „Felicia, sunt eu. Voiam să-ți spun că Ligiu s-a trezit și că e în afara pericolului." Slavă Domnului! Când vii? „Vin repede." Bine. La revedere! Era Sebi. A zis că Ligiu e în afara oricărui pericol și că se simte mai bine, îi spune ea comisarului și își șterge lacrimile.

-Mă duc repede la spital să vorbesc cu el ca să lămurim situația, le spune comisarul. Dacă voi mai avea vești, vă comunic.

-Mulțumesc.

-La revedere!

-Mă bucur pentru Ligiu, mamă. Dacă Ligiu ar fi murit, Eliza ar fi încurcat-o rău.

* * *

După felul în care îl privește Ligiu, când îl vede intrând pe ușă, comisarul Albu își dă seama că nu e bine venit.

-Dacă vrei să te odihnești, pot să vin mai târziu.

-Nu, domnule comisar, mă simt bine și nu trebuie să dorm, încearcă el să schițeze un zâmbet. Medicii mi-au spus să dorm mai puțin că e mai bine.

-Vrei să-ți mai pun o pernă?

-Da, mulțumesc...

-Poftim! îi aranjează comisarul perna sub cap.

-Mulțumesc. În ce fază e ancheta?

-Ancheta de-abia a început. Aș vrea să știu dacă mă poți ajuta cu ceva.

-Da. Încerc. Și sora mea m-a întrebat dacă l-am văzut pe

agresor în față.
-Și?
-Nu. Îmi apare în minte o imagine destul de vagă.
-Sigur. Dormeai adânc. Am găsit o sticlă de wisiky goală.
-Da. Băusem mult. Chiar credeți domnule comisar că soția mea m-a înjunghiat?
-Era singura persoană din casă. Nu există urme de pătrundere forțată. E o ipoteză absurdă, nu?
-De ce absurdă? Nu mi se pare chiar așa absurdă, având în vedere că Eliza avea în ultima vreme un cuțit pe noptieră.
-Un cuțit pe noptieră? Cum așa?
-Spunea că în ultima vreme aude tot felul de zgomote ciudate noaptea, așa că a luat un cuțit de la bucătărie și-l ținea pe noptieră, acolo lângă ea.
-Nu mi se pare un comportament normal.
-Corect. Soția mea nu prea e normală de o vreme, domnule comisar.
-Înțeleg... Acesta e un amănunt foarte important. Și cred că ar fi cazul să i-l spui procurorului.
-Da. Sigur. Cum vreți... Când vreți, puteți să-l aduceți aici pe procuror și îi voi spune tot ceea ce știu.

* * *

Împotrivirea față de destin este, de cele mai multe ori, fără noimă. Chiar dacă ai ști exact ce se va întâmpla, nu te poți sustrage destinului. Dacă în mod deosebit vei reuși astfel de performanță, poți să fii sigur că acest lucru era înscris tot în destin.

O zi de toamnă mohorâtă încă de la prima oră a dimineții. Se înserase. Ploaia cenușie, amestecată cu lapoviță, biciuia imparțial mașinile lucioase, ce lunecau pe bulevard, ca și casele dărăpănate, îngrămădite ciorchine pe străduțele orașului. Și tot ea, ploaia spăla mașinile, curățindu-le, și muia maldărele de gunoi aruncate la întâmplare, prefăcându-le în grămezi de murdărie mustind a apă soioasă.

Comisarul Albu se îndrepta spre casa prietenilor și vecinilor săi, familia Dima. Străbătu cu pas săltăreț trotuarul plin de bălți care ducea pe lângă școală, iar a doua vilă cu două apartamente, era cea în care locuiau prietenii săi.

Purta un impermeabil de un gri lucios, cizme și gluga de ploaie care-i acoperea părul șaten.

Emil Albu avea aproape cincizeci de ani, cu părul puțin grizonat, cu o față vioaie, inteligentă, ochi scânteietori care cât ai zice pește își puteau schimba culoarea de la un verde proaspăt, la un verde de jad întunecat și un trup zvelt, atletic.

De fiecare dată, la familia Dima era primit ca la el acasă. Îl întâmpină Sebastian, pe chipul căruia se citea tristețea.

-Fii tare, Sebastian! Adevărul va ieși la iveală.

-Dana e avocata noastră, Emile. Ea ține mult la Eliza și e singura care crede că e nevinovată.

-Dana, dar e sora lui Ligiu?! A spus asta fiindcă nu vrea să vă jignească. Ea este un avocat bun și a avut multe cazuri... Nu te mai gândi că fiica ta e o criminală!

-Nu e criminală, dar poate a făcut asta fiindcă nu se simte bine. Oricum, deocamdată, nu puteam nega că ea l-a înjunghiat. Au fost găsite amprentele ei pe cuțit. De luni de zile, nu se simte bine.

-De ce crezi că dacă nu se simte bine e vinovată de ceva? Termină cu prostiile astea, te rog frumos!

-E ca și cum s-a declanșat ceva în interiorul ei și a vrut să se răzbune pentru tot răul care i s-a făcut. Trebuie să recunoaștem că Ligiu a adus-o în starea asta și a determinat-o să facă un lucru atât de absurd. Voi știți mai bine decât mine că de luni de zile o teroriza din punct de vedere psihic.

-Nu, nu se poate Emil, nu pot să cred că fiica mea a făcut așa ceva!

-Eu am trecut doar să văd ce faceți. Ancheta continuă și repet, cu siguranță adevărul va ieși la iveală. Liniștiți-vă. Ne vedem mâine.

* * *

Discuția dintre Sebastian și comisar parcă le-a dat speranțe. Soneria de la intrare se aude prelung. Monica deschide și îl privește uimită pe cel care intră în casă.
  Bună seara, frumoasă domnișoară. Sunt doctorul Marian, psihoterapeutul Elizei.
  -Monica Dima, îi întinde ea mâna, pe care doctorul o sărută. Eu abia acum vă cunosc. Poftiți domnule doctor, părinții mei se află în sufragerie.
  -Bună seara, domnule Dima. Bună seara, doamna Dima. Eram în zonă și am intrat să întreb dacă știți ceva despre Eliza. Nu a venit la ședința de terapie, iar la ea acasă nu răspunde nimeni.
  -Bună seara, răspunde Felicia. Bună seară, domnule doctor.
  -Bună seara, îl salută și Sebastian. S-a întâmplat o nenorocire. Eliza a fost arestată sub învinuirea că și-ar fi înjunghiat soțul.
  -Nu se poate! Când s-a întâmplat asta domnul Dima?
  -Ieri noapte.
  -Asta înseamnă că s-a întâmplat după ce a fost acasă la mine. Am încercat să o calmez apoi am condus-o chiar eu acasă. Nu se putea să o las singură.
  -Nu am știut nimic despre asta, îi replică Sebastian.
  -Cum se simte soțul ei? E în stare gravă?
  -Acum, nu, e în afara oricărui pericol, dar a fost în stare gravă.
  -Ce a spus? A confirmt că ea a încercat să-l ucidă?
  -Nu, fiindcă dormea, așa că nu a văzut nimic. Mai grav e că s-au găsit amprentele Elizei pe cuțit și când a venit poliția, ea era plină de sânge. După părerea dumneavoastră, domnule doctor, este posibil ca ea să fi făcut așa ceva?

-Nu știu ce să vă spun. În anumite patologii, starea pacientului se agravează brusc. Poate că și ei i s-a întâmplat așa ceva.

Părinții Elizei îl privesc pe psihoterapeut uimiți.

-Iertați-mă dacă v-am deranjat, dar era de datoria mea să mă interesez ce face pacienta. Acum că am aflat, mă retrag. Bună seara!

* * *

De când este internat în spital, Dana îl vizitează pe fratele ei și de două ori pe zi. Ligiu se încăpățânează să susțină că Eliza a vrut să-l omoare, chiar dacă sora lui încearcă să îl convingă că ea nu poate crede că soția lui a fost îm stare de așa ceva.

După ce află rezultatul analizelor, avocata Dana Deac împreună cu mama sa, se opresc pentru câteva minute să vorbească cu comisarul Albu.

-Bună ziua, domnile comisar.

-Bună ziua doamnelor, luați loc.

-Am așteptat rezultatul analizelor lui Ligiu și din fericire se simte bine. Tu știi mai bine, Emile... Acum ce se întâmplă cu Eliza?

-De ce aș ști eu mai bine decât tine care ești avocat? Știu doar că situația e complicată. Judecătorul va trebui să țină cont de starea ei psihică. Nu-mi vine să cred că a încercat să-l omoare pe Ligiu.

-Chiar dacă în ultima vreme, se purta cam ciudat cumnata mea, nici eu nu cred că a putut face una ca asta, să știi!

-În această privință sunt de acord cu voi, intervine mama Danei. Nici mie nu-mi vine să cred că nora mea, Eliza, a putut să facă așa ceva.

-Nici eu nu mi-am imaginat asta, dar totul arată că ea e vinovată, oftează comisarul.

* * *

În cele din urmă, Sebastian Dima își ia inima-n dinți și merge la Dana la birou.

-Bună ziua, Dana!

-Bună, Sebastian!

-Scuză-mă că te deranjez la ora asta, dar trebuie să vorbesc cu tine urgent.

-Ia loc!

-De dimineață a fost comisarul la noi acasă. Ne-a sugerat să căutăm un avocat bun pentru Eliza.

-Sigur! Vrei să-ți găsesc unul?

-Mă gândeam la tine.

-Nu sunt persoana indicată, te rog să mă înțelegi. Ligiu este fratele meu, iar problema arată că Eliza a încercat să-l omoare.

-Da. Știu. Toate probele sunt împotriva ei, dar eu sunt convins că nu e vinovată, iar chestiile astea le simte un părinte... Eliza nu a putut să facă așa ceva, Dana, crede-mă. Și chiar dacă e adevărat, a făcut-o doar fiindcă e cu psihicul la pământ. Mai ții minte ce rău s-a simțit când a trebuit să ducă copilul înapoi și totuși a făcut-o?

-Da.

-Asta e problema. Din acel moment Ligiu a început s-o terorizeze, s-o acuze că nu-i poate face copii făcând-o să se simtă din ce în ce mai slăbită și mai nesigură pe ea. Nu știi cum se purta cu Eliza în ultima vreme?

-Nu cumva exagerezi puțin?

-Îl cunoști pe Ligiu foarte bine. E fratele tău, Dana. Știi că atunci când își pune în cap să fie rău, reușește.

-Asta-i adevărat, dar Eliza e o persoană matură, nu e o fetiță traumatizată...

-Când ești rănită sufletește, e ușor să te închizi în tine. E adevărat că sărăcuța îi cerea ajutorul soțului ei care o teroriza și mai mult. Așa că noi, și ea s-a gândit, urmându-ne sfatul, să consulte un psihoterapeut. Știi ce i-a spus medicul? Că mai avea puțin și devenea schizofrenică din cauza lui Ligiu și că dacă vrea să se facă bine, trebuie să se despartă de el, dar ea n-a făcut asta.

-Sebastian, crede-mă... Țin foarte mult la Eliza, suntem prietene de când eram la grădiniță și mai mult, țin nespus de mult la ea de când a devenit cumnata mea, dar nu pot să accept să o apăr...

-Numai tu poți s-o ajuți, Dana. Știi că nu poate să vorbească cu nimieni? Cu tine, va putea vorbi. Apăr-o, Dana, te rog!

-Mă pui în dificultate, Sebastian. Nu pot face asta.

-Știu, Dana. Scuză-mă, dar când ești disperat... Dana, numai tu ne poți ajuta.

-O să vorbesc cu colegul meu, cu Sava. La firma lui sunt mulți avocați buni.

-Nu. Este inutil. Eliza nu comunică deloc cu noi, dar cu un străin...

-Știu, Sebastian, dar înțelege-mă te rog că, eu nu mă pot prezenta într-un proces contra fratelui meu.

-Înțeleg că e o situație dificilă, dar eu cred că, până la urmă, poate este un lucru bun pentru fratele tău.

-Ce vrei să spui?

-La proces, cu siguranță o să fie pusă în evidență starea psihică a Elizei. E foarte probabil ca vina să fie atribuită comportamentului brutal al soțului ei.

-Da, e posibil... Procesul va fi destul de dureros.

-Cum ne vom simți noi părinții? Copiii noștri vor fi distruși. Fiica mea, o criminală nebună și fratele tău un monstru.

-Da, e adevărat, e posibil.

-Eu sunt convins de nevinovăția Elizei, dar dacă preiei tu cazul, poți salva imaginea fratelui tău, garantând măcar un mediu civilizat

-Ce spui tu e adevărat... Trebuie totuși să mă gândesc la asta,

am nevoie de timp să decid.
-Noi nu prea mai avem timp, Dana.
-Bine, până mîine îți voi spune.

* * *

Dana adoarme în fotoliul din fața televizorului. Se înserase când Marc s-a întors acasă.
-M-ai speriat.
-Scuză-mă. Credeam că dormi şi te-am acoperit.
-Măcar de aş reuşi. Cum a mers astăzi?
-Foarte bine. O grămadă de lume.
-Bravo, felicitări!
-Scuză-mă. Tu cum te simți?
-Sebastian mi-a cerut să fiu avocatul Elizei la proces.
-Și tu ai decis să faci asta?
-Nu am luat încă o decizie. Nu e simplu.
-Te cred.
-Bunul simț îmi zice să refuz, iar pe de altă parte, Eliza e într-o stare deplorabilă. Îmi pare rău pentru ea.
-Eu cred că Eiliza merită să fie apărată.
-Da, dar în acelaşi timp fratele meu era să-şi piardă viața şi toate dovezile sunt împotriva ei.
-Da. Poate... Dar, din experiența mea de polițist, te pot asigura că greşeşti judecând după aparențe.
-Adevărat. Te mai consideri polițist? Rămâi în poliție vreau să spun, sau te gândeşti să cânți la chitară în bar cu prietena ta Corina? Scuze, de fapt nu ăsta era subiectul. După tine aşadar, ar trebui să-mi urmez instinctul, nu?
-Corect.
-Mâine, merg să vorbesc cu ai mei. Sper să mă sfătuiască.
Marc se aşează în fotoliul din dormitor.
Noaptea era pe aproape, lumina pălise de mult.

În cameră obscuritatea se instala mai repede decât afară, încât abia-abia se distingeau, pe ici şi colo, într-o dezordine ce te făcea să te gândeşti la jaf, obiecte de îmbrăcăminte zvârlite pe pat, pe noptiera de lângă pat, pe jos, pe unde nici nu te aşteptai!
-Se întâmplă ceva? rupse tăcerea Dana.
Observă şu ea hainele. Se apleacă şi le strânge, apoi le aşează la locul lor.
Întrebarea ei se pierduse în încăpere, fără să fii adus după sine niciun răspuns.
-Înainte erai altfel... insistă Dana. Dar de un timp încoace... Iar azi eşti de-a dreptul imposibil!
-Taci!... mormăie Marc, greu, indispus.
-Dacă ai zâmbi... ar fi ca şi cum aş vedea un elefant zburând... Marc se ridică din fotoliu.
-Ce-i cu tine?... Ce vrei să faci?...
-Plec!... Trebuie să plec!
Femeia, hărţuită de iniţiative contrare, nu era în stare de niciun gest, de nicio vorbă. Îl urmărea mută. Marc a începu să se îmbrace, evitând-o în mod vădit.
-Marc, dacă te pot ajuta cu ceva, o fac...
-... Poate cu tăcerea. Dacă m-ai lăsa în pace ar fi grozav! continuă el să se miște în acelaşi mod, ocolind-o, ignorând-o total.
-De ce nu te aşezi pe pat, e loc mai mult.. Şi-ţi promit că nu mă ating de tine, dacă asta te-ar incomoda... Dacă te-am supărat cu ceva, spune-mi!... Nu auzi? insistă ea. Nu crezi că e cazul să te expici?
Gesturile lui trădau copilul, încă, nicidecum bărbatul: tocmai îşi luase cămaşa, dar fără să-i desfacă nasturii, ci trăgând-o peste cap, ca pe un pulover.
-Nu aşa! Desfă nasturii...
Rezervele de condescendenţă se epuizaseră, simţise că avea

să-și dea drumul nervilor, că îi va spune tot ceea ce se strânsese în ea de câteva săptămâni.

-Marc!...

Dar cum nu primi răspuns, vorbi tot ea:

-Comportament tipic, Marc! Absolut tipic! Credeam că ești altfel!... Prima dovadă că un tânăr devine bărbat nu e aceea că posedă o femeie, ci că încearcă s-o înjosească!...

Cuvintele trecuseră pe lângă Marc fără niciun efect. El continua să se îmbrace liniștit, oarecum absent, în ritmul de până atunci. În momentul acela își punea ciorapii, stând, evident incomod, pe colțul scaunului din fața oglinzii. După ce terminase, o privise pentru prima dată de când se certau.

-Cred că trebuie... că se cuvine să-ți spun ceva... Era să plec așa, dar... Trebuie să vorbim câteva clipe serios...

Schimbarea atitudinii lui Marc o neliniștise mai mult decât ar fi voit ea să se poată constata.

-Asta am și încercat, de când ai venit...

Nu intervenise imediat, dar când vorbise nu i se deslușise în glas nicio ezitare ori părere de rău.

-Relația noastră s-a sfârșit!

-Cum poți să spui așa ceva? Ți-ai pierdut mințile?

-Nu, deloc. Sunt pefect conștient de ceea ce îți spun. Amândoi suntem cu capul pe umeri și normali. Nu are rost să ne amăgim, a încheiat el discuția și a plecat.

* * *

A doua zi, Doamna Neagu, vecina soților Vancea este supusă unui interogatoriu.

-Spuneți-mi la ce oră a bătut la ușă doamna Vancea?

-Era trecut de miezul nopții. Mă uitam la televizor, când am auzit bătăile violente în ușă. Am crezut că e în film la televizor, sau sunt vecinii de jos care fac scandal.

—De ce? Vecinii dumneavoastră obişnuiesc să procedeze aşa?
—Dumneavoastră ştiţi domnule comisar, pereţii sunt subţiri şi se aude tot... Chiar şi când dânşii se certau...
—Cum? I-aţi auzit certându-se pe soţii Vancea?
—Da, de multe ori şi chiar atunci seara. Ştiţi, eu decât să... mai bine dau sonorul la televizor mai tare şi...
—Asta vă face mare onoare. Continuaţi.
—Am auzit bătăi în uşă, am deschis uşa şi am văzut-o pe doamna Vancea, dar nu mi-am dat seama de nimic. Apoi, am văzut că era toată plină de sânge. Dumnezeule, avea o privire... de m-a luat ameţeala.
—Scrie tot, îi spune comisarul inspectorului Damian. Nu facem ca de obicei. Doamnă, expilcaţi.
—Era răvăşită, absentă, părea în transă.
—Şi ce v-a spus?
—Repeta că soţul ei are nevoie de ajutor, că pierde mult sânge. Am mers împreună repede în apartamentul lor şi l-am văzut pe domnul Vancea pe canapea în sufragerie.
—Îmi mai puteţi spune altceva?
—Era în sufragerie, întins pe canapea, îmbrăcat, într-o baltă de sânge. Am chemat repede Salvarea şi Poliţia.
—Era îmbrăcat... Puteţi pleca, doamnă. Dacă vă mai amintiţi ceva, nu uitaţi să-mi spuneţi. O să fiţi chemată la proces cu siguranţă.
—Sigur că da, vă stau la dispoziţie. La revedere!

* * *

Înainte de a lua hotărârea să o apere pe Eliza, avocata Dana Dima stă de vorbă cu părinţii ei, nemulţumiţi de ceea ce află.
—Sunteţi prietene de când eraţi copii şi după căsătoria lui Ligiu cu Eliza am devenit rude, dar nu pot să înţeleg cum poate să-ţi ceară una ca asta? îi replică tatăl.

-Şi eu aş spune acelaşi lucru...

-Nu pentru Eliza...

-Tată, încercăm să nu facem diferenţă. Şi Ligiu şi Eliza trebuie să treacă prin aest proces şi să scape cu bine.

-Da, asta îmi doresc şi eu, dar presupunerea lui Sebastian e inacceptabilă. Cum e posibil ca dintre toţi avocaţii, tocmai ţie să-ţi ceară să o aperi pe...

-Da, fiindcă în acest moment Eliza numai mie îmi poate vorbi. Şi are dreptate, Sebastian. Eliza nu poate vorbi decât cu o prietenă.

-Dana, spune-ne, tu te-ai decis să accepţi propunerea lui Sebastian?

-Nu, altfel n-aş fi venit să vorbesc cu voi.

-Fata aia a încercat să-l ucidă pe fratele tău. Îţi dai seama, nu? Cum poţi să...

-Tată, asta rămâne de demonstrat. Oricum, dacă ar fi să accept acest caz, aş ajuta-o pe Eliza şi l-aş ajuta şi pe Ligiu cu siguranţă.

-Ce vrei să spui? intervine mama.

-Ligiu nu a iertat-o pe Eliza pentru că l-a înapoiat pe Raul mamei lui şi a continuat să o acuze de sterilitate...

-Şi nu e adevărat? Doar e sterilă. Sigur. Şi el, câteodată...

-Tată, ştim bine când Ligiu vrea şi ştie ce vrea...

-Da, e adevărat. Tu ştii mai multe, dar nu înţeleg ce legătură are asta cu...

-Orice avocat ar îndemna-o pe Eliza să se declare vinovată ca să invoce apoi problema cu mintea.

-Tocmai asta e.

-Da, dar la proces ar putea fi pus acest comportament pe seama agresivităţii soţului ei, iar eu l-aş putea proteja pe Ligiu. Fratele meu, după mine e vinovat. Şi-apoi, tată, asupra modalităţii discutabile de adoptare a lui Raul...

-Nu ştiu. Ai dreptate... Nu ştiu ce să spun. Oricum, eu nu mi-aş asuma... După mine... Nu ştiu ce să spun, poate ai dreptate. Tu ştii mai bine ce e de făcut în acest caz.

-Pentru stabilirea poziţiei subiective a făptuitorului trebuie să se ţină seama de toate împrejurările în care fapta a fost comisă, de obiectul folosit, de regiunea corpului vizată şi de urmările produse sau care s-ar fi putut produce, iar dacă nu se poate stabili culpa făptuitorului în ceea ce priveşte consecinţa mai gravă produsă, atunci acesta va răspunde pentru tentativă la infracţiunea de omor.

* * *

Înainte de a începe şedinţele de psihoterapie, programate pentru acea zi, doctorul Marian se îndreaptă spre sediul poliţiei. Cu mersul său legănat, din cauza kilogramelor prea multe, care depăşeau greutatea normală, el urcă scările şi deschide uşa comisartului.

-Domnul comisar Albu?

-Da, vă rog. Eu sunt. Poftiţi, intraţi. Cu ce pot să vă fiu de folos?

-Sunt doctorul Marian, psihiatrul. Am venit să fac o declaraţie, care cred că e importantă. Cu privire la cazul Vancea... Ştiţi, eu o tratam pe doamna Eliza Vancea.

-Am înţeles. Luaţi loc!

-Mulţumesc.

-De fapt, domnule doctor Marian, intenţionam să vă chemăm aici, ca să vă punem nişte întrebări. Domnul Racoţi este cel care se ocupă de anchetă.

-Încântat.

-De asemenea.

-Vă ascult, sunt la dispoziţia dumneavoastră.

-Nu, după. Faceţi declaraţia.

-Bine. În seara în care a fost înjunghiat domnul Vancea,

doamna Eliza, soția lui, a fost la mine acasă, adică la cabinet.
-Cum așa?
-Cei doi se certaseră. În ultimul timp, aveau probleme mari, dar în seara aceea, cearta fusese mai violentă ca de obicei și domnul o dăduse afară din casă. Doamna era tulburată și a venit direct la mine. Eu am încercat să o calmez, am stat de vorbă și am însoțit-o acasă. Nici prin gând nu mi-ar fi trecut... Nu credeam că-și putea înjunghia soțul.
-I-ați prescris calmante?
-Da. Nu obișnuiesc, dar având în vedere împrejurările... Dar de ce? A spus ceva?
-Nu. Am găsit pastilele. Erau acolo pe noptieră. Evident, nu le luase.
Doctorul îl privește mirat.
-Mi se pare că vă mirați.
-Nu, ar fi trebuit să-mi dau seama imediat. Sub influența medicamentelor, doamna Vancea nu ar fi făcut așa ceva.
-Mă scuzați, ca să înțeleg și eu... În starea în care era doamna Vancea se poate să-i fi cerut ajutor soțului și apoi să nu-și amintească nimic?
-Se poate. Se potrivește cu profilul ei psihologic, precizează doctorul. Vedeți, doamna Vancea suferă de un început de schizofrenie și asta o împinge, uneori, să aibe crize de dublă personalitate.
-Acesta este diagonosticul pus de dumneavoastră?
-Da.
-În acest caz domnule doctor, infracțiunea de omor îmbracă forma tentativei perfecte, care se realizează atunci când acțiunea tipică a fost executată în întregime, dar rezultatul - moartea victimei - nu s-a produs.
Doctorul îi privește mirat pe comisar și pe inspector.
-Da, așa este.

-Este adevărat că, din conținutul raportului de constatare medico-legală, rezultă că leziunile suferite de partea vătămată nu au pus în primejdie viața acesteia și au necesitat numai 14 zile de îngrijiri medicale, mâine Ligiu Vancea va fi externat. Totul conduce la ideea unei alte încadrări juridice decât cea dată faptei. Important, însă, nu este atât rezultatul concret al acțiunii agresorului, cât intenția lui, directă sau indirectă, în raport cu viața victimei, precizează comisarul Albu.

-Dumneavoastră vă pricepeți mai bine domnilor. Eu atât am avut de spus. Mă scuzați că v-am răpit din prețiosul dumneavoastră timp.

-Nu trebuie să vă scuzați, declarația dumneavoastră este o probă necesară în proces.

-Bună ziua!

-Să fie, îi răspunde comisarul Albu.

* * *

Clădirea veche de piatră, trainică și masivă, dar fără podoabe exterioare, te făcea să bănuiești că între pereții ei sunt camere încăpătoare și liniștite, de unde nu lipsește nimic, iar aspectul lipsit de farmec al casei era îmblânzit de vița sălbatică, și iedera care se cățărase în lungul fațadei, până sub acoperiș, învelind-o toată într-o haină verde, plăcută la vedere, din mijlocul căreia clipeau flori albe și ciorchine de petale însângerate.

În fața casei, se întindea pe toată lungimea o terasă care la un capăt se termina cu o seră, iar la celălalt cu o curte mică unde erau păsările. Până pe pajiștea mătăsoasă și verde a grădinii, de pe terasă, coborau trepte largi de piatră.

Dincolo de grădină era părculețul cu aleile străjuite de copaci seculari printre care în depărtare se arătau privirile sfioase ale brazilor.

Acum, copaci erau lipsiți de frunze, și între ramuri nu se auzea niciun tril, nicio șoaptă, niciun ciripit. Tăcerea era aproape materializată și te apăsa.

Locuința familiei Dima era într-o vilă veche, cu un etaj unde se afla camera de pe colț cu balcon, într-un cartier rezidențial din partea de nord a orașului. Eliza copilărise în această casă, care păstra pentru ea amintiri calde, plăcute.

Chiar dacă și-a propus să gătească, asta ca să-și ocupe timpul care de la o vreme trece mai încet ca oricând, Felicia Dima nu mai are răbdare. Nu știe ce se întâmplă cu fiica ei și e înnebunită. Comisarul le-a promis că o va aduce pe Eliza acasă și nu înțelege de ce întârzie atât de mult.

—Sebi, oare de ce nu mai vin o dată? Ție ți-a spus Emil ceva?

—Nu, draga mea, a spus doar că vine!

—Calmați-vă! Intervine Monica. Eliza are nevoie de liniște. Nu trebuie să vă vadă agitați.

—Ai dreptate, scumpa mea, o sărută tata pe frunte.

—Speram ca Dana să accepte să o apere, oftează Felicia.

—O va apăra, se apropie Sebastian de ea și o ia pe după umeri. Fii liniștită. Uite că vine Eliza și Emil, îi spune el zâmbind când aude soneria și deschide ușa.

—Bună ziua tuturor! li se adresează din prag comisarul Albu. Ua te uită, sunt cu toții acasă, te așteaptă!

Urmată de comisar și de inspectorul Damian, Eliza intră și se apropie de mama ei, care o îmbrățișează plângând.

—În sfârșit! Iubita mea!

—Nu a scos o vorbă toată ziua, le spune comisarul.

—Săraca fată... o mângîie Sebastian pe creștet. Micuțo!

—Bună, tată!

—Bună, scumpa mea!

—Monica, mamă, tată, vreau să stau aici cu voi. Nu mă alungați.

—Da, draga mea, o strânge din nou la piept Felicia. Te las să te odihnești acum. Pe când te trezești o să-ți pregătesc ceva ce-ți place ție, o mângîie mama.

Felicia își ajută fiica să se întindă pe canapeaua din fosta ei cameră, cea pe care o ocupase înainte de a se căsători cu Ligiu și o acoperă cu o pătură subțire. După ce Eliza închide ochii, Felicia se ridică și apropie încet ușa, apoi se îndreaptă spre bucătărie.

-Ce face?

-Aproape a adormit, Sebi. Mi-e tare milă de ea. Emil și inspectorul unde sunt?

-Au plecat.

-Ți-a mai spus ceva Emil?

-Situația e foarte gravă, Felicia. Va fi un proces rapid. Practic, e ca și condamnată.

-Doamne, Sebi, ce dezastru! Nu putem face nimic? Nu e nicio soluție?

-Ba da, ar fi o soluție. Avocatul apărării trebuie să... Dumnezeule, cine o fi la ora asta? Oamenii nu mai au respect pentru nimic! bolborosește Sebi în timp ce se îndreaptă spre ușă.

-Îmi cer scuze...

-Bună, Dana! Scuză-mă, am crezut că... Ce face Ligiu?

-Mai bine. Ba chiar și-a recăpătat și vechea atitudine.

-Răspunsul? Dana, ce-ai hotărât? Vrei s-o aperi pe Eliza? O întreabă nerăbdătoare Felicia.

-Încă nu vă pot da un răspuns, vă rog să mă înțelegeți. Ce face Eliza?

-E în camera ei, cred că a adormit.

-Trec mâine să stau de vorbă cu ea.

-Bine, te așteptăm și poate iei hotarârea de a o apăra în proces.

-La revedere! Noapte buna!

* * *

La spital, tatăl își vizitează din nou fiul, care de fiecare dată se preface că suferă enorm..

-Te simți mai bine, Ligiu?

-Da. Mă mai doare. Numai eu știu prin ce trec.

-Bietul de tine! Sigur, după ceea ce ai pățit, văd că ești mult mai bine.

-Tată, sunt un Vancea veritabil, nu uita! Avem pieile... a dracului. Eu nu mă las cu una cu două. Nu mai suport și pace!

-Da, ai dreptate. Totuși, să știi că Eliza nu reușește să-și revină din șoc.

-Aia e de-a dreptul nebună. Nici să nu o mai pomenești! Doamne, când mă gândesc! Cine dracu m-a făcut să mă îndrăgostesc de una ca asta?! Îmi vine să vomit numai când mă gândesc.

-Zău, așa vorbești despre soția ta!

-Despre soția mea! Singurul gând bun pe care îl am e să ajungă la pușcărie cât mai repede.

-Nu, eu nu cred că tu gândești asta, Ligiu.

-Scuză-mă tată, spune-mi ce trebuie să fac, să-i mulțumesc? Să-i mulțumesc pentru ceea ce mi-a făcut?

-Ligiu, te rog nu vorbi așa.

-Nu pot să cred! Tată, tu de partea cui ești?

-Ligiu, Eliza nu se simte bine. Are nevoie de îngrijire și noi trebuie s-o ajutăm.

-Noi s-o ajutăm? Eu nu am făcut decât să o ajut. I-am îndeplinit toate dorințele. Am ținut-o în puf. Ce mai vroia? Am încercat să înțeleg toate ciudățeniile ei, toate nebuniile ei... Și toate astea pentru ce? Era cât pe ce să mor! se revoltă el mai, mai să sară din pat.

-Stai liniștit, băiete!

-Pentru nebuna aia! La naiba!

Ușa salonului se deschide și intră Dana.

-Ce-i cu tine, Ligiu? Te-am auzit din hol.

-Nimic, fratele tău e în stare de șoc încă.

-I-ai spus despre treaba aia?
-Încă nu. Sincer să fiu, Dana, nu cred că e momentul potrivit.
-Scuză-mă, pot să știu și eu despre ce treabă este vorba? Ce anume nu trebuie să știu? Mai am puțin de trăit sau ce?
-Fii serios! Nu, Ligiu, ce tot spui? Este vorba de cu totul altceva. Părinții Elizei mi-au cerut ca la proces să o apăr pe ea.
-Ha, ha, ha, nu pot să cred! Suntem în vreun basm?
-Ligiu, nu te agita, îl oprește tata, văzând că încearcă din nou să se dea jos din pat. Nu-ți face bine. Stai liniștit băiatule și ascultă!
-Dar evident că tu ai refuzat, nu-i așa sora mea?
-Nu. Încă nu le-am dat un răspuns.
-Asta înseamnă că încă te mai gândești?! Minunat! Ascultă bine ce îți spun! Dacă accepți s-o aperi, cu mine ai terminat-o pentru totdeauna! Nu mai ești sora mea! Ai înțeles?!
-Ligiu, nu mai fi așa melodramatic! Problema nu se pune în felul acesta!
-Dar cum se pune fraților! Eu cred că ați înnebunit cu toții! Singura problemă e că fratele tău era să moară!
-Gata, să ne calmăm! Dana, nu cred că trebuie să discuți cu Ligiu în condițiile astea.
-Ligiu, ascultă-mă! La proces vor încerca să pună pe tapet viața voastră privată
-Să înțeleg că apărarea va încerca două lucruri: să demonstreze că Eliza nu raționa în mod corect din cauza problemelor psihice, și să sublinieze că din cauza mea? Ai înnebunit? Ce legătură am eu?
-Vor căuta să demonstreze că tu ai adus-o în starea asta fiindcă era sterilă. Asta vrei? Dacă voi fi eu acolo, nu se va întâmpla așa.
-Tată, fiica ta e complet smintită! Ajunge! Sunteți doi nebuni. Eu am fost înjunghiat, nu voi! În mine a băgat nebuna aia cuțitul...
-Gata, să terminăm cu povestea asta, intervine tata.

-Poate că așa e mai bine. Tu, trebuie să faci un singur lucru, nimic altceva. Trimite-o pe nevastă-mea la închisoare! Ăsta-i rolul tău doamna avocat, pricepi? Acolo este locul acelei nebune, ai priceput?

-Soția ta nu e nici nebună, nici criminală. E o femeie care are nevoie de tratament.

-Foarte bine, o să se trateze la închisoare. Acolo e locul ei. Oricum, dacă o aperi, cu mine ai terminat! Jur pe Dumnezeu că s-a terminat! Nu mai vreau să știu nimic despre voi!

* * *

Grijulie, Felicia intră în camera în care Eliza doarme de mai bine de o oră.

-Nu te teme, draga mea. Aici ești în siguranță. Așează-te mai bine! Cum te simți?

-Bine, sunt doar puțin obosită.

Eliza stă rezemată de pernă, iar mama se apropie și o acoperă cu pătura.

-Mamă...

-Ce e?

-E adevărat? Eu l-am înjunghiat pe Ligiu?

-Doamne, ce ți-a făcut de te-a adus în halul ăsta?

-Cum se poate? Îmi amintesc numai frânturi... E totul în ceață...

-Nu te mai gândi! O să vezi că se rezolvă, nu știu cum, dar lucrurile se vor rezolva.

-Nu-mi amintesc decât că a venit cu mine doctorul Marian. Apoi, nimic. Mamă, se poate, cum să fie adevărat? Am luat un cuțit și mi-am înjunghiat soțul? își ridică ea capul de pe pernă.

-Nu te mai gândi la asta. Întinde-te și liniștește-te.

-Cum să nu mă gândesc? Îl iubesc atât de mult pe Ligiu! Știi bine că n-aș fi făcut niciodată așa ceva!

-Scumpa mea, vino încoace... se aşează mama pe marginea patului şi o îmbrăţişează plângând. Ştiu, draga mea, mai bine decât mine nu te cunoaşte nimeni. Ai avut şi ai un suflet nobil. Nici măcar o muscă nu ai omorî.

Comisarul Albu, care era în drum spre casă se abate pe la familia Dima şi în sufragerie stă de vorbă cu tatăl Elizei, dându-i ultimele indicaţii.

-Situaţia e simplă, Sebastian. Eliza trebuie să rămână aici. Nu are voie să vadă decât rudele, nu trebuie să stea printre alţi oameni. Te rog să mă înţelegi.

-Sigur, aşa vom face.

-Vă rog să respectaţi aceste reguli, Sebastian. Veţi fi verificaţi. Pot veni chiar eu. Sigur aş putea să trec cu vederea, dar vă rog să fiţi atenţi.

-Nu-ţi face griji, o să fim atenţi. Emil, n-am cuvinte să-ţi spun cât de recunoscători îţi suntem. E un miracol că o avem acasă pe fetiţa noastră.

-Aşa este. E spre binele Elizei, dar să nu credeţi că acest arest la domiciliu va dura la nesfârşit.

-Ştim asta.

-Mai e şi vecina lor care a depus mărturie, faptul că s-au certat toată seara, părerea psihiatrului... În fine, mi se pare clar.

-Şi ce-o să se întâmple?

-Procesul poate să înceapă mult mai repede fiindcă nu mai trebuie făcute cercetări.

-Cât de repede?

-Cred că în două săptămâni.

-Numai două săptămâni?

-Dacă Eliza va fi condamnată, va merge la închisoare.

-Elza la închisoare?! Doamne, nu se poate una ca asta. Nu se poate! Emil, chiar nu se mai poate face nimic pentru ea?

-Mă tem că nu. Singura scăpare ar fi să fie declarată pierderea temporară a facultăților mintale, dar e nevoie de un avocat bun. Voi la cine v-ați gândit?

-La Dana Deac.

-Dana?

-Știu că pare ciudat, dar noi avem încerdere în Dana.

-Dana e un avocat bun, fără îndoială, dar cred că i-ar fi peste măsură de greu să accepte s-o apere pe Eliza, când victima e chiar fratele ei. Nu știu dacă va accepta să facă asta...

-Noi sperăm să accepte.

* * *

Ligiu încearcă să ia paharul cu apă de pe noptieră. Ușa se deschide ușor și parfumul atât de cunoscut îi mângîie nările.

-Bună, Ligiu!

-Bună! Ce surpriză plăcută! Haide, Roxana, vino! De ce te-ai oprit lângă ușă?

-Ți-e sete? Îți dau eu paharul. Când am deschis am observat că voiai să bei apă.

-Da. Din păcate, rana asta mă doare îngrozitor.

-Poftim, îi întinde ea paharul cu apă.

-Mulțumesc. Dacă n-ai fi tu...

-Aș fi venit mai repede, dar cu tot ceea ce s-a întâmplat, mi-a fost teamă că nu e bine. Cum te simți?

-Mulțumesc. Nu mi-e rău din cauza rănii, mă supără comportamentul tatălui și al surorii mele. Dar să nu mai vorbim despre asta. Nu vreau să vorbesc despre rudele mele. Acum, că te văd, totul e mai bine.

-Veșnicele tale minciuni curtenitoare, zâmbește Roxana.

-Nu-i adevărat, mă bucur să te văd. Acum, în urma acestei frumoase „glume", mariajul meu s-a încheiat Roxana. Dar sunt mult mai puternic, fiindcă te am pe tine, îi sărută el mâna.

-Mi-am imaginat. Oricum, nu prea mă simt în largul meu. O

să plec peste câteva clipe.
 -De ce?
 -Ți-ai pierdut mințile?! Cum să mai stau aici?
 -Care e ptoblema? Poți fi doar o prietenă, nu?
 -Da, veche prietenă!
 -Mi-ai lipsit mult. M-am gândit la tine. În clipele astea aveam mare nevoie de tine. Acum, că îmi revin, abia aștept să reluăm relația noastră uitată în aer.
 -De asta am venit, Ligiu. Trebuie să-ți spun ceva important. Nu trebuie să ne mai vedem.
 -E o glumă?
 -E prea riscant, după ceeea ce s-a întâmplat. Îmi pare rău, nu mai pot continua...
 -Ce spui? Ce s-a întâmplat?
 -Ce s-a întâmplat e problema mea, nu te privește.
 -Vino aici, te rog! îi face el loc să se așeze pe marginea patului.
 -E inutil să insiști, Ligiu. M-am hotărât.
 -Nu înțelegi că soția mea va fi condamnată și eu voi fi un bărbat liber? Liber să te iubesc, să fiu numai cu tine.
 -Tocmai acum, când s-a întâmplat asta? La mine nu te gândești? Soțul meu nu știe de noi și nu vreau să afle.
 -Nu va afla nimic, bătrânelul tău este ocupat cu ședințele lui de psihoterapie și cu congresele. Dar ai dreptate, vom fi prudenți...
 -Prudenți... Ce copil ești! Toți ochii vor fi ațintiți asupra ta în timpul procesului.
 -Eu sunt victima, draga mea, nu călăul!
 -Da, dar dacă avocații soției tale vor descoperi relația noastră, vor exploata totul în favoarera lor. Nu crezi?
 -Să ne gândim puțin. Înțelegi că nu te pot pierde? Acum, că te-am găsit... Ești cel mai frumos lucru ce mi s-a întâmplat în ultimul timp. De ce te porți așa?

-Ne-am simțit bine împreună, ne-am distrat, dar de acum înainte, fiecare pe drumul lui. E mai bine așa, Ligiu, crede-mă!
-Nu mă face să mă umilesc, te rog. Am nevoie de tine! Cum să-ți spun? Nu pot să mă gândesc că n-o să te mai văd.
-Încearcă să mă înțelegi. Nu, cel puțin până nu se va teremina povestea asta.

* * *

Felul ei de a fi, o face pe Dana să nu-i mai țină ca pe spini pe părinții Elizei și în pauza dintre cele două procese pe care le avea, dă o fugă până la ei să le spună ce hotărâre a luat.
-Bine ai venit, Dana! Doamnelor, pot să vă tratez cu o vișinată? Ce zici, Felicia?
-Da, Sebi. În seara asta am nevoie.
-Ce-ai hotărât? Poți s-o aperi tu? o întreabă Sebastian pe Dana Deac.
-Nu. Nu pot, credeți-mă. Nu pot.
-Înțeleg, Ligiu este fratele tău, ești într-o situație foarte delicată, oftează Felicia.
-Speram mult că o vei face, oftează și Sebastian.
-Dar v-am avertizat. Trebuia să vorbesc cu ai mei...
-Ai vorbit cu Ligiu?
-Da. S-a înfuriat numai la ipoteza de a o apăra.
-Îmi imaginez.
-Trebuie să fim calmi cu toții. Îl cunosc pe Ligiu. Nu voiam să agit spiritele. Ne așteaptă un proces foarte greu.
-Ai perfectă dreptate, dar ne bazam mult pe tine, îi spune Sebastian care a uitat să mai toarne în pahar când a auzit răspunsul ei. Eliza te consideră prietena ei și are mare încredere în tine.
-Mereu voi fi prietena ei. Dar dacă o apăr, înseamnă că-l trădez pe fratele meu.

-Nu-ți face griji, îmi dau seama, îi spune cu lacrimi în ochi Felicia.
-O să vă recomand un avocat bun.
-Mulțumesc, oricum, oftează Sebastian cu ochii în lacrimi.
-Eliza ce face?
-Rău de tot. Parcă nu mai are viață. Bine că e în arest la domiciliu. Așa putem să-i fim alături și s-o îngrijim.
-Pot să o văd? Aș vrea să vorbesc cu ea.
-Am dus-o în camera ei. De-abia a adormit. Poate ar fi mai bine să vii mai târziu.
-Bine, dacă nu intervine nicio problemă, trec spre seară să o văd, le spune Dana și se îndreaptă spre ușă.
În prag se întoarce și își exprimă din nou regretul:
-Îmi pare rău.
Nu se închide bine ușa că plânsul pune stăpânire pe cei doi.

* * *

Seara, așa cum a promis, întrucât drumul de la biroul ei spre casă nu necesita decât să facă vreo câțiva metri înspre casa familiei Dima, Dana intră pentru a sta de vorbă cu Eliza.
-Bine ai venit, o întâmpină Felicia și o conduce până în camera Elizei, apoi se retrage.
-Bună, Eliza.
-Bună, Dana. Ligiu, ce face?
-E mai bine. Medicii s-au pronunțat.
-Se va vindeca?
-Sigur. Nu-ți face griji pentru el.
-Nu știu, nu înțeleg... Ei spun că l-am înjunghiat. Cum se poate?! Știi bine că nu aș fi făcut așa ceva. Nu voiam! E adevărat că în ultimul timp căsnicia noastră era în criză, dar știi că îl iubesc mult și nu aș fi făcut așa ceva.
-Știu, nu te mai chinui așa. Trebuie să încerci să te regăsești.

-Să mă regăsesc... Ce sunt eu? O dezechilibrată, o nebună? Nu ştiu, spune-mi tu, ce sunt? Eu nu mai judec.

-Nu eşti nimic din toate astea. Trebuie doar să te odihneşti, să încerci să-ţi revii.

-Nimic nu mai are sens. Totul s-a terminat. Căsnicia mea, viaţa mea... îşi şterge Eliza lacrimile. Ligiu n-o să mă mai vrea niciodată.

-N-o spune nici chiar în glumă, Eliza. Dacă tu crezi asta îţi faci doar rău.

-Dana, totul s-a terminat. Nu pot să-mi amintesc ce s-a întâmplat în noaptea aceea. Singura mea certitudine e că nu l-am înjunghiat eu pe fratele tău. Tu ştii, trebuie să mă ajuţi. Te rog, Dana, nu mă lăsa!

-Nu-ţi face griji, nu te abandonez. Nu-ţi face griji, o îmbrăţişează Dana când o vede cât se chinuie. Linişteşte-te. Mai trec pe la tine şi mai stăm de vorbă.

Impresionată de felul în care arată Eliza, şi cum i-a vorbit, Dana se îndreaptă spre sufragerie, unde soţii Dima o aşteaptă nerăbdători.

-Ai vorbit cu ea?

-Da, e tare tulburată.

-Săraca, în starea ei, nu cred că va reuşi să facă faţă unui proces atât de greu.

-Nici nu vorbi despre starea ei, Felicia, o întrerupe Sebastian. Un proces de tentativă de crimă ar înnebuni pe oricine. Fata asta n-a făcut rău nimănui. E bună, blândă... Cum să crezi că şi-a înjunghiat soţul?

-Ştiu, nici mie nu-mi vine să cred, dar noi ţinem la ea şi nu putem accepta realitatea.

-Care realitate! A cui realitate? A anchetatorilor? Ăia care abia aşteaptă să-l prindă pe asasin, pe vinovat, numai să scape de proces! sare ca ars tata. Şi care, în cazul acesta, cu siguranţă, nu e Eliza. Eu, poate-mi pierd capul când mă supăr, pot face şi o prostie, dar ea, nu!

-Ştiu. E incredibil. E ciudat că nu-şi aminteşte nimic din noaptea aceea. Însă, astea-s faptele. Trebuie să acceptăm şi s-o ajutăm.

-S-o ajutăm... Nici măcar n-o pot face să mănânce ceva, oftează Felicia. O răsfăţ ca şi cum ar fi o fetiţă.

-Pare o fetiţă. M-a impresionat mult, e aşa pierdută.

-Săraca de ea. Ce viitor va avea? E negru, din orice unghi priveşti, încearcă Sebastian să-şi reţină lacrimile.

-Am făcut bine că am vorbit cu ea. M-am convins. M-am răzgândit. M-a rugat să n-o abandonez şi n-o voi face.

-Vrei să spui că vei fi avocatul ei?! o întreabă Sebastian şi izbucneşte în plâns.

-Da, sigur. Ştiu că voi avea probleme cu familia mea, cu fratele meu, dar m-a rugat să n-o dezamăgesc şi vreau să-i fiu alături. Mă descurc eu cu fratele meu.

* * *

Faptul că Dana o va apăra pe fiica lor i-a mai liniştit. Cu tava pe care era compotul preferat al Elizei, mama, urmată de tatăl ei intră în cameră şi se apropie de pat.

-Trebuie să fim optimişti, Eliza. Dana te va apăra.

-Mi se pare că trăiesc un coşmar din care n-o să mai ies niciodată, oftează Eliza.

-Important e că eşti acasă şi sunt alături de tine atât eu cât şi mama şi nu vom permite nimănui să-ţi facă vreun rău, o strânge tata la pieptul lui.

-Tată, cum poţi să ţii încă la mine?

-Eşti fetiţa mea şi eu sunt tatăl tău. Trebuie să ţin la tine. Scumpo, mereu o să ţin la tine orice s-ar întâmpla.

-Şi eu te iubesc mult, tată. Şi pe tine, mamă.

-Uite, draga mea, ţi-am adus compot de pere îi spune mama

și pune tava pe noptieră. Te rog să mănânci.
Eliza mănâncă doar câteva lingurițe din compot.
-Poți să-l iei, mami, nu pot mai mult. Aș vrea...
-Bine, acum că ne-am liniștit, o să ne culcăm, fiindcă odihniți, gândim mai bine.
-O să încerc să dorm, dar mai întîi aș vrea ceva de mâncare, nu compot. Mi-e tare foame. Te rog mama să-mi aduci ceva?
-Sigur că da, îi răspunde mama bucuroasă.
Era pentru prima dată de când era acasă că îi cere ceva de mâncare.
Mama și tata ies și pregătesc în bucătărie ceea ce știu că preferă fiica lor.
Cu fel de fel de bunătăți, Felicia intră bucuroasă în camera fiicei ei, urmată de Monica.
-Uite, draga mea, mănâncă ce-ți place.
-O să mănânc piept de pui și beau paharul cu lapte.
-Bine, Eliza. Și te rog, nu te mai gândi la el.
-Vreau să-l sun pe Ligiu mamă. Înțelege-mă, trebuie să știu ce face.
-Nu mi se pare o ideea bună, intervine tata, care intră pe ușă. Ești în arest domiciliar și nu poți lua legătura cu exteriorul.
-Tată, nu înțelegi? Trebuie să știu ce face! Vreau să-i aud măcar vocea.
-Cum crezu tu, dar dacă vorbești cu Ligiu s-ar putea să-ți facă rău.
-Mamă, te rog!
-Poate mai târziu, îi replică tata. Acum nu e momentul. Nu te mai gândi, Eliza.
-Nu pot nici măcar să-l sun pe soțul meu?! Vă rog, situația e și așa destul de grea, nu mai contribuiți și voi.

* * *

Dimineața când se trezesc, Marc o privește pe Dana și pentru că ea nu îi adresează nici măcar un cuvânt o întreabă:
-Pot să știu ce ai?
-Nimic. De ce?
-N-ai spus un cuvânt de când ne-am trezit.
-Sunt preocupată. Am hotărât s-o apăr pe Eliza.
-Ai hotărât s-o aperi?! Credeam că o să refuzi.
-Așa a fost la început, oftează Dana. M-am dus la ei să le spun că refuz, însă m-am răzgândit când am văzut-o pe Eliza cum arată biata de ea.
-E foarte rău?
-Da. Nu cred că e drept să o abandonez. Nu știu ce voi putea face pentru ea, dar vreau s-o apăr.
-Știi care-i părerea mea. Eliza merită să fie apărată cât mai bine. Nu îndrăznesc să-mi imaginez cum a reacționat Ligiu.
-Mi-a spus că, dacă accept s-o apăr, el nu mai e fratele meu.
-Așa a spus?
-Nu-l cunoști? Pentru el, e un fapt personal, o problemă de onoare, de familie.
-Parcă-l aud. Știi că ești o femeie minunată? Așa generoasă încât oricine ar bate la ușa ta...
-Nu mi se pare că generozitatea mea îmi ajută cu ceva. Cel puțin în ceea ce te privește.
-Îmi dau silința. Mi-ai promis că mă ajuți și mă voi schimba. Promit. Dacă nu mă ajuți...
-Mi-e teamă să nu te pierd, oftează Dana, și pune capul pe pieptul soțului ei, în timp ce el o mângâie pe păr.

* * *

Vizita de dimineață a început. Doctorul Bogdan intră în salonul în care Ligiu abia s-a trezit și îl consultă.
-Gata! Nu mai e nimic!

-E voie? Se poate?
-Intră, tată!
-Ce faci? Cum se prezintă fiul meu, domnule doctor?
-Rana se cicatrizează, deci, este bine, îi răspunde medicul.
-Pe mine, încă mă doare rău, îl întrerupe Ligiu.
-E normal, deabia au trecut câteva zile de la operație. Vei vedea că peste câteva zile n-o să mai ai nimic.
-Când credeți că o să-i dați drumul, domnule doctor?
-Cred că mâine. Apoi trebuie să vină să îi scoată firele. Deocamdată, repaus absolut: fără efort sau mișcări bruște.
-Nicio grijă doctore. Nu-mi va fi greu în condițiile astea. Ce zici prietena ta, Eliza? Era cât pe ce să mă omoare!
-În cazurile astea e bine să asculți și cealaltă parte, îi răspunde medicul. Oricum, judecătorul va hotărî dacă va fi un proces normal.
-Bineînțeles că el va hotărî! sare ca ars Ligiu. Un proces cât se poate de normal, în care Eliza Vancea va fi condamnată pentru omucidere. Clar?

Ușa se deschide și intră în salon Dana, care rămâne uimită când îl vede pe fratele ei atât de revoltat.
-Ce se întâmplă aici?
-Ai picat la țanc! Știai... Ai un nou coleg, de ultimă oră. Se pare că doctorul Bogdan nu mai e medic, își apără fosta colegă de liceu, pe prietena lui Eliza. Și-a luat diploma de avocat. Acum, e avocatul cauzelor pierdute.
-Ar fi mai bine să plec. Am ceva mai bun de făcut, le spune medicul și iese pe ușă.
-Bravo! Pa! îi face Ligiu semne cu ambele mâini.

Dana se aptopie de patul lui și îi spune:
-Ligiu, am luat o hotărâre în legătură cu procesul.
-Te ascult. Ce ai să-mi spui așa important?
-Am hotărât s-o apăr pe Eliza.

-Ce-a spus nebuna asta? îl priveşte Ligiu pe tatăl lui. N-am înţeles bine.
-Ai înţeles foarte bine. Termină!
-Ce nebunie! Eşti sora mea, mă înjunghii a doua oară! Pleacă! Eşti nebună!
-Ligiu, calmează-te, intervine tata. Soţia ta suferă.
-E încă soţia ta! îi spune şi Dana. Are nevoie de tratament! E bine? O să mă ocup de ea!
-Ce legătură ai tu? Să aibă altcineva grijă de ea.
-Am văzut-o! Nu pot s-o las aşa. Te-ar fi impresionat şi pe tine. Va trebui să fac faţă unei... Măcar atât, după ceea ce i-ai făcut. Cum poţi spune asemenea lucruri? N-ai inimă în tine?
-Nu pot să cred! Am fost înjunghiat, mi-e rău, sunt în spital în loc să muncesc, să fiu fericit, mulţumit! A fost cât pe ce să mor din cauza ei.
-Te rog, nu face pe victima!
-E o nebună răzbunătoare! Înţelegeţi sau nu?!
-De ce răzbunătoare?
-Fiindcă vroia să mă facă să plătesc pentru ceea ce i-am spus.
-Ce i-ai spus?
-Nimic. Ce-ai vrea să îi fi spus? Eram la restaurant... S-a dat în spectacol, trebuia s-o vezi. M-a făcut de ruşine în faţa tuturor.
-Ce i-ai spus?
-I-am spus că m-am săturat de ea, că nu mai vreau s-o văd, că s-a terminat cu căsnicia noastră şi că n-a fost în stare să-mi facă un copil.
-Uneori, mă înspăimânţi, Ligiu. Mi-e ruşine că sunt sora ta.
-Eşti incredibil! intervine tata. Îţi dai seama cum s-a simţit atunci biata, Eliza?
-Eu sunt cel înjunghiat, nu ea!
Telefonul sună.
-Răspunde tu la telefon!

Tata ridică receptorul.

-Alo! „Bună, sunt Eliza! Voiam să vorbesc cu Ligiu." Da, așteaptă o clipă. E Eliza, îi spune tata și îi întinde receptorul, dar Ligiu nu-l primește.

-De ce nu vrei să voorbești cu Eliza? Nu te purta așa! E îngrijorată pentru tine, îi spune Dana.

-Serios?! Fă-mă să înțeleg. Dacă-și face griji pentru mine, ce-ar trebui să fac? Să încerc s-o liniștesc?! Să-i spun: „Nu-ți face griji iubito, n-a fost vina ta. Nu mi-ai atins o zonă vitală. M-ai înjunghiat involuntar". Asta ar trebui să spun? Voi nu vă gândiți că dacă era puțin mai sus mă nimerea direct în inimă? Dacă vorbesc cu ea o mănânc cu fulgi cu tot!

-Îmi pare rău, dar nu poate să vorbească cu tine, îi răspunde tata rușinat. „Știu că e foarte supărat, dar nu-l rețin mult, vreau doar să-i aud vocea", insistă Eliza. Te rog, nu insista, nu e cazul Îmi pare rău. „Bine. Puteți să-i spuneți că... Nu e nimic. Nu-i spuneți nimic, la revedere!"

* * *

Eliza lasă receptorul în furcă și oftează:
-S-a terminat, Ligiu n-a vrut să vorbească cu mine.
-Poate n-a putut s-o facă, încearcă tata să o liniștească.
-Nu, nu vrea să vorbească cu mine. S-a terminat, îi răspunde Eliza plângând.
-Nu spune asta. Poate n-a vrut să vorbească cu tine fiindcă știe că n-ai voie să vorbești cu nimeni din exterior. Nu uita că ești în arest domiciliar.
-Nu, Ligiu mă urăște!
-Viața e un cerc. Un adevărat mister. Mai devreme sau mai târziu orice mister se dezleagă, îi spune tata și o mângâie pe cap.

* * *

Bătaia în uşă îl întrerupe pe comisarul Albu, dar se bucură când o vede pe avocata Dana Deac.

-Bună, Dana. Intră şi ocupă loc.

-Mulţumesc, Emil, îţi răpesc doar un minut. M-am hotărât s-o apăr pe Eliza. Vreau să ştiu cum staţi cu ancheta.

-Deocamdată, nu sunt cine ştie ce noutăţi, dar mă bucură acest lucru. N-ar trebui să-ţi spun, dar situaţia Elizei mă impresionează. Sunt sigur că o va ajuta mult faptul că îi eşti alături.

-Eu nu sunt aşa sigură, dar sper. Cred că înţelegi de ce n-am putut da înapoi. E într-o stare jalnică.

-Nimeni n-ar fi fost uimit dacă ai fi dat înapoi, după cum e situaţia.

-Să ne apucăm de treabă. Ai reuşit să stabileşti împrejurările din seara aceea?

-Aproape. Eliza şi Ligiu au ieşit în oraş la un restaurant, iar când s-au întors s-au certat urât de tot.

-Asta ştiam, mi-a spus Eliza.

-S-au certat atât de urât încât Ligiu a dat-o afară din casă, ţi-a spus?

-Asta nu ştiam. Şi Eliza?

-Eliza s-a dus la psihoterapeutul ei care a liniştit-o şi a condus-o acasă.

-Avem declaraţia lui?

-Declară că i-a dat două calmante, pe care noi ştim că ea nu le-a luat, fiindcă le-am găsit pe noptieră.

-Şi ce s-a întâmplat apoi?

-Aici e o mare gaură, fiindcă din momentul în care Eliza a intrat în casă şi cel în care cere ajutor vecinei, nu mai ştim nimic.

-Sunt semne că uşa a fost forţată?

-Deloc.

-Amprentele de pe cuţit?

-Sunt ale Elizei. Iar sângele găsit pe cămaşa ei de noapte e al

lui Ligiu. Dată fiind situația...
-În acest caz trebuie să merg pe incapacitatea mentală. Asta dacă nu se descoperă nimic altceva între timp, comisare.
-La asta mă gândeam și eu. Și Racoți e de acord. Cazul acesta nu e ușor deloc, oftează comisarul.

* * *

De la comisariat, Dana se îndreaptă spre casa doctorului psihiatru Marian. Acesta tocmai se pregătea să iasă din cabinet.
-Bună ziua domnule doctor. Îmi puteți acorda câteva minute? Am preluat cazul doamnei Eliza Vancea. Mărturia dumneavoastră ar fi foarte importantă, îi spune Dana.
-Dacă e necesar pot face un raport...
-E foarte bine dacă peste câteva zile îmi dați raportul.
-Sigur că da, o să-l fac cât mai repede.
-La revedere!
-La revedere, doamna avocat!

* * *

Ca de obicei, programul de lucru a fost depășit, dar e mulțumit de câte ori rezolvă un caz. Comisarul Albu se îndreaptă spre casă, dar ca de obicei nu ocolește casa prietenilor săi de o viață, familia Dima. Aici schimbă câteva cuvinte cu părinții Elizei și inră în camera acesteia.
-Bună, Eliza.
-Bună, domnule comisar.
-Am venit să recapitulăm. Trebuie să stabilim niște puncte de reper. Spune-mi ce s-a întâmplat în seara aceea, îți aminteșru?.
-Nu știu, dar sunt sigură că nu eu l-am înjunghiat pe Ligiu.
-Asta am înțeles, dar sunt doar vorbe. E nevoie de fapte, Eliza. Trebuie să te concentrezi, să-ți amintești ceva. V-ați spus ceva, v-ați certat?

-Nu știu. Când mă gândesc la seara aceea, îmi amintesc doar de un sentiment de teamă. Mă simțeam groaznic. Asta îmi amintesc.

-De aceea te-ai dus la psihiatru? Cum îl cheamă... la Marian?

-Probabil

-Îți amintești ce s-a întâmplat după ce te-a condus el acasă?

-Nu-mi amintesc, nu știu. Sunt nebună! Sunt nebună așa cum zice Ligiu.

-Ce legătură are nebunia?! E normal ca în asemenea cazuri să fii șocat, nu? Eliza, eu... Vreau să te ajut.

-N-am fost eu. Mă credeți? Oricum, nu-mi mai pasă de nimic. L-am sunat și n-a vrut să vorbească cu mine.

-Ce-ai făcut?! L-ai sunat pe Ligiu?!

-Da, simțeam nevoia să-i aud vocea. N-a vorbit deloc cu mine.

-Ăsta nu e un loc în care să te trezești dimineața și să faci ce vrei, ești în arest domiciliar! Nu-l poți vedea și nu poți vorbi cu el. Nu poți face ce vrei când ești în arest domiciliar! Trebuie să stai liniștită acasă, nu te trezești și apoi faci ce vrei.

-Nu știu... oftează Eliza. Simt că trebuie să vorbesc cu soțul meu, să lămuresc lucrurile.

-Am înțeles, dar soțul tău, bărbatul pe care îl iubești, în cazul de față e victima acțiunii de care ești acuzată. Situația e încurcată. Nu poți lua legătura cu exteriorul.

-Vă rog, faceți în așa fel să mă întâlnesc cu el. Trebuie să vorbesc cu el.

-Știi foarte bine că acest lucru nu e posibil.

-Vă implor!. Știu, simt că poate îmi amintesc ceva, poate o să mă simt mai bine. Vă rog! Trebuie neapărat să vorbesc cu soțul meu.

-Aș face orice pentru tine, dar asta e imposibil.

-De ce nu?

-Sunt funcționar public! Dacă se află acest lucru ajung să

curăț cartofi la popotă.
　-Sunteți cel care controlează. Dacă suntem atenți... Nu află nimeni, se agită Eliza tot mai tare.
　-E riscant și pentru tine. Situația ta s-ar putea agrava. Ți s-ar revoca arestul domiciliar.
　-Și ce-mi pasă mie de asta! Soțul meu este convins că am încercat să-l omor! Trebuie să vorbesc cu el, trebuie să-i spun că nu eu...
　-Mai încet.
　-Trebuie să-i spun că nu sunt nici nebună, nici nu...
　-Nimeni nu spune asta, și nici Ligiu nu spune.
　-Ligiu este soțul meu! Suntem căsătoriți! Trebuie să existe o cale!
　-Te rog, încearcă să te liniștești. Calmează-te, liniștește-te... Ai putea face ceva, am o idee. Scrie-i o scrisoare. E un lucru pe care-l poți face fără nicio grijă, fără nicio problemă.
　-Nu știu... o scrisoare? I-ați duce scrisoarea dumneavoastră?
　-Nu, nu cred că sunt cea mai potrivită persoană. Însă nu va fi greu s-o găsim, nu?
　-Da, oftează Eliza. Aveți dreptate. Poate ar putea să i-o ducă mama.
　-Felicia e cea mai potrivită. Sigur!
　-Mulțumesc. E o idee excelentă. Sunteții un adevărat prieten.

* * *

　Cei din familia Vancea, nu sunt de acord ca fiica lor să fie avocata Elizei, dar nu au ce face, hotărârea îi aparține.
　-Nu știu... nu pot să cred. Mi se pare o situație absurdă, tată.
　-Dar rămâne faptul că a încercat să-l omoare pe fratele tău, pe Ligiu.
　-Să spunem că așa stau lucrurile. E limpede că e bolnavă! Voi nu știți în ce stare e. Are probleme psihice puternice, care sunt și

meritul scumpului meu frate.

-Săraca, dar tocmai din cauza asta poate să fie încă periculoasă.

-Își poate reveni, poate să fie tratată și vindecată, precizează Dana.

-Sigur, pentru binele ei. Da, dar pe lângă Eliza...

-Ce e, tată?

-În ultimul timp, familia noastră a trecut prin multe, e un miracol că încă mai suntem teferi. Și dacă o aperi pe Eliza, el se supără și...

-Așa e, dar Ligiu acum e mai bine, iar Eliza nu. Ar trebui să vezi în ce stare e. Nu-mi vine să o las singură!

-Îmi imaginez.

-Aș putea fi o punte de legătură între Ligiu și Eliza și între familiile noastre. După proces nu știu ce ne așteaptă.

-Nu știu ce să spun, sper că ai dreptate. Știi deja cum să acționezi?

-Da. Mă gândesc să-i cer să se declare vinovată. E singura cale pentru obținerea verdictului de incapacitate mentală.

-E dur.

-Da, dar e singura cale pentru liniștea familiei, tată.

-Să sperăm. Și pentru că, aici lucrurile nu se termină niciodată...

-Ce s-a mai întâmplat?

-Nimic. Am greșit că ți-am spus, ai deja destule griji pe cap.

-Tată, acum oricum mi-ai spus.

-Bine. Firma... Nu-i nimic grav, dar în ultimul timp, vânzările au scăzut mult și nu-mi dau seama de ce.

-Ce se poate face în situația asta?

-Depinde. Pentru început am comandat un studiu de piață, apoi nu se știe. Pe baza datelor o să văd ce va trebui să fac. Asta e.

* * *

Cum rămâne singur în salon, Ligiu formează numărul de telefon al Roxanei, dar uşa care se deschide îl face să ascundă telefonul sub pătură.

-Deranjez? intră zâmbitoare ca de obicei mama Elizei.

-Felicia! Soaca mea frumoasă şi dragă, ce surpriză!

-Ce faci? Cum evoluează vindecarea?

-Binişor. E din ce în ce mai bine. Mulţumesc.

-Mă bucur. Am trecut doar să vorbim despre Eliza. Se simte foarte rău pentru ceea ce s-a întâmplat.

-Şi eu, Felicia. Lasă-mă cu smiorcăielile ei că...

-Ar vrea să vorbească cu tine, Ligiu, dar e în arest domiciliar, deci nu se poate.

-Chiar dacă n-ar fi în arest domiciliar, nu cred că vreau să vorbesc cu ea. Să nu uităm că a încercat să mă omoare, mamă soacră.

-Îmi dau seama. Ţi-am adus o scrisoare de la ea, îi întinde Felicia plicul. Te rog, citeşte-o.

-Nu cred că am dispoziţia necesară să citesc o scrisoare de la Eliza. Poate altă dată, îi spune el şi o lasă pe Felicia cu mâna întinsă.

-Tu şi Eliza v-aţi iubit mult, Ligiu. Ia-o, măcar pentru asta. Te rog eu, care sunt mama ei şi care ştii că am fost ca o mamă pentru tine.

-Bine, îi smulge el scrisoarea din mână şi o aruncă pe noptieră.

-Aşteaptă răspuns.

-Gata, am luat scrisoarea! La revedere!

Atitudina ginerului o face pe Felicia să părăsească salonul cu lacrimi în ochi. Ligiu aruncă o privire spre plicul de pe noptieră, mai formează o dată numărul Roxanei, dar văzând că nu-i răspunde, se întinde şi ia plicul, din care scoate scrisoarea: „Ligiu, iubitule, nici nu-ţi imaginezi cât de rău mă simt pentru ce ţi s-a întâmplat. Toţi spun că am încercat să te omor şi acum acel cuțit mă înjunghie pe mine în fiecare minut din zi și din noapte, făcându-mă să sufăr în continuu. Nu știu cum am putut eu să fac un lucru așa monstruos, nu-mi amintesc nimic, și asta nu face decât să mă chinuiască și mai mult. În ultimul timp, mi-am pierdut controlul, recunosc, și am complicat lucrurile. Însă de un lucru sunt sigură, te-am iubit din tot sufletul și aș fi vrut să ne petrecem restul vieții împreună. Sper ca, într-o zi, să uiți tot răul pe care ți l-am făcut și să începem totul de la capăt. A ta pentru totdeauna, Eliza."

„Mă faci să râd", murmură el și nervos aruncă scrisoarea spre noptieră, dar aceasta cade jos.

* * *

Zilele care mai sunt până în ajunul Crăciunului îi prind pe toți alergând după ultimele cumpărături. Acasă, Dana împodobește din timp bradul.

-Îmi dai un îngeraș alb? Marc!

-Scuze, tresare el. Ce ai spus?

-Un îngeraș alb.

-Nu mai sunt, caută el prin cutie.

-Un glob roșu.

-Și alea s-au terminat.

-E bine și așa, se îndepărtează ea puțin de brad și îl privește. Poate îl rotim și nu se vede că-i cam gol. Am terminat cu bradul. Eu trebuie să plec și mama e ocupată. Poți să stai cu Sara?

-Sigur, stai liniștită.

-Să stau liniștită... E o frază metaforică sau chiar pot sta liniștită?

-Stai o clipă. Adică vrei să spui că nu sunt în stare să stau cu fiica mea?

-S-o lăsăm baltă.

-Sunt curios. Poți continua?

-Nu voiam să spun nimic rău, dar dat fiindcă reacționezi așa, îți spun că tu nu ai minimum de responsabilitate. În perioada asta, n-ai demonstrat-o.

-E o glumă?

-Nu. Îți amintești când am intrat și erai beat pe canapea și ea se târa prin toată casa? Sau când ai urlat la ea ca să nu mai plângă? Sau când mi-ai spus că totul s-a terminat între noi și ai plecat, iar după două zile te-ai întors înapoi? Fă-mă să înțeleg...

-Mi-ai cerut să am grijă de fiica noastră! Ce naiba mi-ai mai cerut să fac?!

-Ca tată, să zicem că ești bun.

-Iată!

-Ca tovarăș de viață, lași de dorit.

-Ascultă, Dana, nu înțeleg de ce ești așa de înverșunată împotriva mea.

-Fiindcă nu pot să mă prefac că nu s-a întâmplat nimic. Nu mă ajuți deloc. Faci pe seriosul și nici măcar nu te uiți la mine.

-Îmi dau silința. Nu e ușor pentru niciunul dintre noi.

-De luni întregi vorbim numai de același lucru.

-Te rog, nu-mi poți face asta.

* * *

După plecarea Danei, soneria îl face pe Marc să tresară. Deschide ușa și mama soacră intră în casă.

-Bună, Marc. Dana a plecat?

-Da, acum câteva minute.

-Ia să vedem, se apleacă ea și o îmbrățișează pe fetița care este bucuroasă când o vede și îi întinde mănuțele din țarcul cu care se plimbă prin casă. Vino la bunica ta iubito. Mă recunoști minuța mea dragă...

-Dacă nu-i scoți suzeta din gură îi e greu să vorbească, îi replică Marc.

—Nu văd de ce mai trebuie să o păcălim cu suzeta asta. Sara este nepoata mea preferată și e minunată, în timp ce ginerele meu preferat e la pământ, o ridică ea în brațe pe fetiță. Mă înșel sau...?
—S-o lăsăm baltă, mamă soacră. Ce mai face Ligiu?
—E mai bine, mulțumesc. Poate îl externează mîine.
—Asta e o veste bună.
—Știu că nu e treaba mea, dar am vorbit cu fiica mea și mi-a spus ce se întâmplă. Trebuie să-ți spun multe.
—Spune.
—Mi se pare absurd ca pentru o rătăcire, să pui în pericol relația cu Dana.
—Lucrurile nu stau chiar așa...
—Știu că anumite lucruri se pot întâmpla, dar trec. La urma urmelor, tu și Dana ați trecut prin multe.
—Da. Sara și Dana sunt cele mai importante...
—Atunci care e problema?
—Nu e vorba doar de o rătăcire. Povestea asta mă dă peste cap și e mai presus de voința mea.
—Și când sentimentele sunt atât de puternice tu te întorci la altele?
—Așa este, dar nu e ușor.
—Știu. Dar în acest caz suferă și alții, nu doar tu, Marc. Poate e mai bine să plec la Ligiu, s-a făcut târziu, îi întinde ea fetița care îi zâmbește. Uite cât e de drăguță! Dă-i un pupic bunicii tale scumpa mea. Gândește-te la ce ți-am spus, Marc.
—Salută-l pe Ligiu din partea mea, îi spune Marc și după ce o ia pe Sara în brațe o conduce pe soacra lui până la ușă.

Se întoarce apoi în sufragerie, lasă fetița în țarc și își acordează chitara.

* * *

Dana bate la ușă și intră.

-Îmi cer scuze, nu voiam să vă deranjez, se apropie Dana de procurorul Racoți, care se ocupă de cazul Elizei. Am trecut pe la birou și mi s-a spus că sunteți aici.

-Ați făcut foarte bine, doamna avocat. Așa nu pierdem timpul.

-Am trecut să vă dau asta, domnule procuror.

-Ce e?

-Raportul doctorului Marian, psihiatrul Elizei Vancea.

-Foarte bine! Bănuiesc că l-ați citit.

-Da. Confirmă faptul că Eliza, clienta mea are probleme psihice grave, ce nu i-au permis să-și dea seama în acel moment, de gravitatea faptei.

-Văd!

-Pe baza acestui raport, am cerut achitarea, invocând lipsa de discernământ a clientei mele.

-Sigur, doamna avocat, dar trebuie să înțelegeți că nu pot decide bazându-mă doar pe o părere.

-Înțeleg.

-Să fim înțeleși, și eu sunt convins că pentru Eliza Vancea asta e cea mai bună soluție, dar trebuie să mă mai consult și cu altcineva.

-V-ați hotărât pentru cineva anume?

-Da, profesorul doctor Vlaicu de la Institutul Medico-Legal. De mulți ani este chemat la multe procese și nu a greșit niciodată.

-Am auzit și eu de el. Pare o autoritate în materie. Bine, sunt de acord. Nu cred că opinia lui va fi diferită de cea a doctorului Marian.

-O să avem și raportul lui pe când începe procesul.

-Foarte bine, domnule procuror. Vă mulțumesc. La revedere.

-La revedere, doamna avocat.

* * *

După discuția purtată cu procurorul, Dana se întoarce acasă și îl găsește pe Marc cântând iar fetița adormită cu capul pe marginea țarcului.

Preocupat de ceea ce face, Marc nici nu aude când ea intră în casă. Dana se apropie și îl privește, dar el nici atunci nu pare a o vedea. Stă câteva secunde în spatele lui apoi se apropie.

-Dana, n-am auzit când ai intarat. Ce e? S-a întâmplat ceva? o întreabă el când o vede cum îl privește și nu spune nimic.

-Nu mai suport, asta e! îi replică ea și îi smulge chitara pe care o trântește jos.

-Vrei să-mi spui ce ai? Ai înnebunit?

-Da, am înnebunit! Înnebunesc când te văd ca pe un adolescent.

-Cântam doar.

-Nu face pe istețul cu mine! Era piesa dedicată Corinei, nu?

-Da, și ce-i cu asta?

-Nu mai suport. E umilitor să te văd așa. Mi-ai promis că o să faci ceva pentru noi, dar tu nu faci nimic.

-Ba fac!

-Nu-i adevărat. Încă ești îndrăgostit de femeia aia!

-Îmi pare rău că te-am făcut să suferi, îți repet, doar cântam.

-Am făcut totul ca să înțeleg, te-am iertat, dar nu mai pot să continuu așa!

-Ce vrei să fac?

-Am ajuns să-ți spun eu ce trebuie să faci?

-Eu mă străduiesc cât pot, Dana.

-Nu, tu ești derutat. Ești atât de derutat, că nici nu ești aici. Nu mai ești aici și mă tem că nu te vei mai întoarce niciodată.

Marc privește în gol. Dana culcă fetița și privindu-și ceasul își dă seama că are timp suficient ca să mai ajungă la spital, să vadă ce mai face fratele ei, Ligiu.

* * *

Supărată de felul în care s-a purtat Ligiu, Felicia se întoarce acasă. Își prepară o cafea și se așează la masa din bucătărie.

-Asta e tot ce-am găsit, se apropie de ea Sebastian și-i arată cutiile cu globuri și alte ornamente pentru brad, pe care le-a adus din debara. Anul acesta nu facem ieslea?

-Nu, crede-mă că nu am niciun chef să mă ocup și nici nu avem loc destul.

-Bine, atunci doar bradul?

-Da, doar bradul. N-am chef de nimic, nu e un an bun, deci... N-avem ce sărbători.

-E voie? Scuzați-mă.

-Dana, intră! E vreo noutate?

-Da, vin de la spital, de la fratele meu. Mâine îl externează. Ligiu mi-a dat asta pentru Eliza.

-I-a răspuns la scrisoarea pe care i-am dus-o eu! Se va bucura.

-Da, dar trebuie văzut ce scrie, poate... intervine Sebastian. Nu ți-a spus Ligiu ce...

-Nu, mi-a spus doar să i-o duc Elizei.

-Eu aș citi să văd ce scrie înainte să i-o dau, fiindcă...

-Citește-o tu, îi întinde el scrisoarea lui Felicia.

-Aici sunteți! Bună, Dana! Ce faci?

-Bine. Tu?

-Ligiu?

-Așa și așa... Mi-a dat să-ți dau asta, îi spune Dana și îi întinde scrisoarea.

-Ați văzut? Mi-a răspuns Ligiu! se întoarce Eliza bucuroasă către părinții ei. Scuzați-mă.

Se scuză și intră în camera ei. Scoate scrisoarea din plic. Mâna îi tremură până când o deschide și o citește cu lacrimi în ochi:

„Când am primit scrisoarea ta, am fost tentat s-o fac bucăți, s-o ard, dar n-am făcut-o. Am deschis-o, am citit-o cu atenție și apoi, chiar am găsit puterea să-ți răspund. Pentru că e sinceritate în cuvintele tale, nu vreau să-ți port ranchiună. Și eu sunt sigur că iubirea noastră a fost mare, una dintre acelea cu „I" de neuitat! Superbă! Pentru că eu, spre deosebire de tine, cred că este sentimentul suprem, ca acel sentiment nu mai există."

„Nu, Ligiu!" îi fulgeră ca o săgeată prin creier și plângând, Eliza continuă să citească:

„Mult timp, am crezut că avem probleme pentru că nu avem un copil. Adevărul e că suntem prea diferiți și era inevitabil ca totul să se termine. Ar fi trebuit să înțelegem asta de la început, înainte să ne facem atâta rău. Nu știu cum de s-a putut ajunge până aici, dar fiecare dintre noi are partea lui de vină. Îți cer iertare pentru greșelile mele, așa cum sunt sigur că, într-o zi voi reuși să te iert pentru ceea ce mi-ai făcut. Chiar dacă n-o să te mai pot iubi niciodată."

Strângând la piept scrisoarea, Eliza plânge în hohote.

Dana își dă seama că fratele ei nu i-a dat un răspuns pe care Eliza l-ar fi așteptat și după câteva minute intră în camera acesteia.

-Eliza! Ce se întâmplă? Vorbește! se așează Dana alături de ea pe marginea patului și o prinde pe după umeri.

-S-a terminat totul, Dana!

-La ce te referi?

-Uite, îi întinde ea scrisoarea. Ligiu m-a părăsit definitiv. Nu mai pot!

-Îmi pare rău. N-am știut.

-Nu vreau să trăiesc fără el! Nu vreau, nu pot!

-Știu că treci printr-o perioadă grea și asta înrăutățește situația, dar trebuie să fii tare, te așteaptă un proces dificil.

-Puțin îmi pasă de proces! Dacă m-ar băga la închisoare și ar arunca cheia, aș fi fericită...

-Nu-i așa. Uită-te la mine! Știu foarte bine cum e să nu te mai simți iubită. E foarte dureros, dar viața merge mai departe.

Iubirile se sfârşesc, viaţa însă nu.

-Nu-mi pasă de viaţa mea. Fără Ligiu, viaţa mea s-a sfârşit, nu-mi mai pasă de nimic.

-Nu-i aşa! Trebuie să te gândeşti la viitor. Fă-o pentru cei care te iubesc, pentru părinţii tăi! Fă-o pentru tine. Eşti încă atât de tânără, şi ai atât de mult de dăruit şi de primit de la viaţă. Meriţi să fii fericită, Eliza.

-Chiar crezi asta?

-Sigur. Vreau să invoc incapacitatea psihică.

-Vrei să faci lumea să creadă că sunt nebună?

-Ştii foarte bine că nu e aşa. Dar numai aşa poţi scăpa de închisoare. Te vei întâlni cu un profesor doctor, un psihiatru, pe nume Vlaicu. Ai ceva împotrivă?

-Nu, oricum nu-mi pasă.

-O să vezi că torul va fi bine, Eliza. Dar va trebui să faci eforturi mari. Promite-mi!

-Bine, Dana, îţi promit.

* * *

Aşa cum i-a promis tatăl său cu o zi înainte, avocatul lui Ligiu a fost anunţat şi s-a prezentat la spital unde clientul său îi răspunde la întrebările legate de cele întâmplate în noaptea în care a fost înjunghiat.

-La restaurant, eu şi soţia mea ne-am certat puţin. Ea era ameţită, m-a făcut de râs, domnule avocat. Dacă aţi şti! Am dus-o imediat acasă.

-Şi acolo v-aţi certat? V-aţi certat atât de rău, încât la un moment dat v-aţi dat soţia afară? îl întreabă avocatul.

-Aşa-i. Am dat-o afară din casă.

-După aceea ce aţi făcut?

-M-am culcat.

-Aşadar, nu l-aţi auzit pe doctorul Marian, atunci noaptea,

când a adus-o înapoi pe soția dumneavoastră acasă?

-Nu. Pentru că, în seara aceea băusem cam mult. Sincer, eram cam amețit. După scena aceea de la restaurant și cearta de acasă, m-am băgat imediat în pat.

-Deci, în momentul atacului dormeați. N-ați văzut și nu vă amintiți nimic, precizează avocatul.

-Am auzit ceva, poate un zgomot... Am deschis ochii și am văzut o umbră aplecată deasupra mea. După aceea, am simțit o durere cumplită în abdomen și s-a făcut beznă. M-am trezit aici, la spital.

-Ați declarat că soția dumneavoastră a mai încercat și altădată să vă înjunghie, îi amintește avocatul.

-Stați puțin, nu, n-am spus asta, ci doar că a încercat, dar fără să vrea.

-Fiți mai explicit.

-Într-o seară, luase niște calmante și s-a dus să se culce. La un moment dat s-a trezit speriată de niște zgomote și s-a dus la bucătărie să ia un cuțit din sertar pe care să-l țină pe noptieră ca să se simtă în siguranță.

-Dumneavoastră nu ați auzit nimic?

-Eu nu eram acasă. Când m-am întors, m-am dus să-i spun noapte bună. S-a trezit brusc, a luat cuțitul, m-a văzut, dar nu m-a recunoscut, și a încercat să mă lovească. Din fericire, nu s-a întâmplat nimic.

-Am înțeles, domnule Vancea. Asta e tot, deocamdată. Vă mulțumesc pentru cooperare.

-E normal.

-Va trebui să repetați totul la proces.

-Sigur, îmi dau seama. Voi coopera bucuros cu justiția.

-Bine, atunci eu am plecat, îi spune avocatul și se îndreaptă spre ușă.

Cum vede că s-a închis ușa în urma avocatului, Ligiu

formează numărul de telefon al Roxanei.

-Știi că mâine mă externează?

-Mă bucur foarte mult, îi răspunde Roxana. Mă bucur pentru tine, sincer. Dar nu era nevoie să mă suni. Ți-am spus să nu mă mai cauți. De ce insiști...

-Iubito, cum să nu te mai caut? Mă gândesc la tine tot timpul. Nu e clipă în care să nu te văd în fața ochilor. Trebuie să te văd imediat, Roxana!

-Categoric, nu! se înfurie Roxana. Din fericire nimeni nu știe despre noi doi și nu vreau să risc. Nu vreau ca povestea asta să se afle tocmai acum, când va începe procesul soției tale.

-Ce tot spui, draga mea? Ce legătură are cu asta?!

-Ți-am spus că nu vreau să fiu implicată și e foarte probabil că va trebui să depun mărturie.

-De ce spui asta?

-În seara aceea, Eliza a venit la noi. Am văzut în ce hal era și sora ta vrea să povestesc asta la proces.

-Sora mea a înnebunit. Toți sunt nebuni! Dana ți-a cerut așa ceva?!

-Da, a venit aici și a vorbit cu soțul meu și cu mine. Cred că vrea să invoce incapacitatea psihică.

-Am înțeles. Dar ce legătură are asta cu noi doi? Nu știu de ce n-aș putea să te văd?! insistă Ligiu. Vrei să-mi explici?

-Pentru că nu vreau! Nu vreau să risc inutil.

-Dar nu se poate termina așa fără vreun motiv! Noi ne iubim. A fost frumos totul. Sincer.

-Da, dar acum între noi nu mai e nimic. Nu are sens să ne mai vedem, e clar?

-Te rog, ascultă-mă o clipă!

-Adio! îi spune Roxana și închide telefonul.

-Nu, stai, nu închide!

* * *

În timpul nopții Eliza are din nou un coșmar. Îi apar în față cele două pastile primite de la psihoterapeutul ei, pe care le ia de pe noptieră și le pune în palmă. „Trebuie să rezist fără", își spune ea și le pune înapoi pe noptieră, apoi stinge veioza. Închide ochii, dar se trezește și brusc se ridică de pe pernă. Pe ușă intră Felicia.
-Ce e Eliza? Pari speriată. Ai avut un coșmar?
-Nu, nu era un coșmar, mamă. În somn mi-am amintit ceva, legat de pastile...
-Ce anume?
-Poftim? Nu, nu știu. Erau niște frânturi de amintiri. Au dispărut repede.
-Nu-ți face griji, scumpo, o să vezi că-ți vei aminti totul încet, încet. Acum trebuie să te trezești, pentru că a venit psihiatrul trimis de cei de la Tribunal. Vrea să-ți vorbească.

* * *

După plecarea psihiatrului, Felicia intră în camera Elizei cu un brăduleț și cu o cutie cu globuri. Le așează pe pat și îi spune veselă:
-În anul acesta m-am gândit că ar fi bine să facem și în camera ta un brăduț mic și frumos. Dacă tot trebuie să stai închisă aici, măcar să simți ți tu că este Sfântul Crăciun.
-Bine, mamă.
-Cum a fost cu psihiatrul ăla de la Tribunal? Cum îl cheamă?
-Profesorul doctor Vlaicu. A fost bine, mamă. Mi-a pus o groază de întrebări despre noaptea aceea îngrozitoare pe care cred că nu o voi uita câte zile voi avea... Și apoi mi-a făcut un test de memorie.
-Și ce ai răspuns?
-Totul e bine.
-Atunci, e un semn bun.
-Din păcate, nu. Când m-a întrebat despre seara aceea

blestemată a fost îngrozitor.

-Cum așa? Ai spus că începi să-ți amintești ceva.

-Când ai intrat tu înainte de a veni el eram în stare de veghe, așa că nu știu dacă îmi aminteam un vis sau era realitate.

-S-o luăm de la capăt, încet. Încearcă să-ți amintești din momentul în care erai cu psihiatrul Marian, atunci seara când te-a condus acasă.

-Mi-aduc aminte că m-am dus la culcare. Am adormit și apoi m-a trezit un zgomot.

-Ce fel de zgomot?

-Nu știu, mamă. Era asemănător cu cel pe care l-ai făcut tu când ai intrat. Nici măcar nu știu dacă nu cumva am visat. E inutil, mamă.

-Nu-ți face griji, o să vezi că-ți vei aminti totul. Ajută-mă să împodobesc bradul. Vrei?

-Bine.

-Să punem câteva globulețe aici. Anul ăsta n-avem vârf, pentru că nu l-am găsit, nu știu unde e.

-Nu era în pivniță în cufărul bunicii?

-Ba da, ai dreptate. Și mai zici că n-ai memorie.

-Continuă tu că eu mă duc să-l aduc.

-Ce faci surioară? Împodobești bradul.

-Da, Monica.

-Am o surpriză pentru tine.

-Pentru mine? Ia să vedem, deschide Eliza cutia. A, este șiragul din castane! Unde l-ai găsit?

-L-am cumpărat din târg. Întotdeauna îl luam eu, mezina familiei iar acum ca să mă ierți, ți-am cumpărat unul și ție.

-Mulțumesc. Eu mă simt mezina familiei.

-Ai castanele. Te fac să crești. Sunt ale tale.

-Având atâta timp la dispoziție cred că aș putea începe să mănânc puțin. Din moment ce Ligiu zice că sunt prea slabă.

Oricum, nu-i mai pasă de mine.
-Știi că nu trebuie să te mai gândești la asta.
-Îți dai seama Monica? Îmi voi revedea soțul doar la proces.
-Nu are rost să te chinui așa. Niciun bărbat nu merită să suferi pentru el.
-Mi-e frică. Ce se va întâmpla cu mine? Mă vor condamna la închisoare?
-Orice s-ar întâmpla nu ești singură. Ai înțeles? Nu ești singură.

* * *

Eliza era o fată pedantă, cu gustul intimității și secretului. Dorea să-și sporească cu orice preț misterul. Își făcuse cred, în secret, o listă de reguli obligatorii pentru atingerea acestui scop. Prima era aceea de a vorbi cât mai puțin și fără pasiune.

Majoritatea contemporanilor, însă, traduc neparticiparea la conversație în chip dihotonic: ori e proastă, ori e prea deșteaptă și nu vrea să-și răcească gura de pomană! Ea nu era nici una, nici alta. Se străduia să convertească „filosofica" tăcere în mister.

Urmau la rând alte imperative, culese de-a lungul adolescenței de prin best-seller-urile tuturor timpurilor de la Gutenberg încoace, romanele cu femei frumoase și bărbați topiți de dragoste pentru ele. Rețeta lor cuprindea, pare-se, următoarele sfaturi-prescripții: să fie ușor distantă, gravă cu măsură și mereu absentă, să-și dezvăluie căldura cu zgârcenie și numai în intimitate, să privească și să zâmbească numai în anumite feluri, studiate în prealabil în fața oglinzii, să gesticuleze puțin și reținut, să nu aibă prea mulți prieteni și să evite cu orice preț confesiunile, să comită, uneori, mici excentricități pe care să nu și le poată explica nici sieși, să fie tot timpul de o eleganță simplă, dar rafinată, machiată discret, să nu poarte pantaloni decât în cazuri de forță majoră, - ca Felicia, mama ei de altfel - să afișeze plăceri variate, selecte și câteodată, ciudate, cum ar fi aceea de a se plimba dimineața, singură, prin parc... Le respecta pe toate, fără a fi însă o singură clipă falsă, artificială sau, cum foarte bine ar fi putut să fie - caraghioasă.

Sora Elizei era total diferită față de ea. Pe Monica o încânta teribil să-i spui că are ceva „straniu", „ciudat", „inefabil" sau, cel mai bine, „enigmatic" în privire, în zâmbet, în gesturi. Un compliment rar și riscant, care pe atâtea alte fete le-ar fi făcut să se jeneze, pentru ea constituia o plăcere sinceră: chiar așa vroia să fie! De ce numai în cărți și filme să existe femei greu de cuprins în gând și intuiție?

* * *

Fișa de externare a lui Ligiu este gata, iar el de asemenea, așa că poate pleca acasă.

-Cred că am luat tot, nu? îl întreabă tata. Dulapul este gol?

-Mulți uită și își lasă câte ceva, intervine doctorul.

-Oamenii ăia nu au un tată grijuliu, îi răspunde Ligiu zâmbind.

-Lasă, te ajut pentru că tu nu ai voie să faci efort.

-Ce v-am spus?

-Are dreptate tatăl tău. Nu te obosi, Ligiu.

-Nu vă faceți griji, îl duc acasă la noi și în câteva zile o să se pună pe picioare.

-Cum acasă la voi? Trebuie să merg la mine acasă.

-Nici să nu aud. Ești prea slăbit ca să stai singur.

-Vezi doctore? Ce să fac cu un tată care mă tratează ca pe un copil?

-Nu e o idee rea. E mai bine să fii servit, îi răspunde doctorul. În locul tău, m-aș gândi bine înainte să refuz.

-V-ați vorbit amândoi?

-Și apoi, peste câteva zile e Ajunul Crăciunului. Nu vrei să-l petreci în familie?

-Ba da, cu ce a mai rămas din familie.

-Exact... E o ocazie să fim împreună, îi spune tata.

-Aşa e. Vreau să vă mulţumesc. Aţi fost minunat. Dacă nu eraţi dumneavoastră... îi întinde Ligiu mâna doctorului Dobocan, înainte de a ieşi din salon.

-Fii serios! Ai grijă, să vii să-ţi scot copciile şi să-ţi dau tratamentul.

-Bine. Vă mulţumesc, domnule doctor. La revedere!

-La revedere!

* * *

Mirosul cozonacului, împăratul mesei de Crăciun se simţea de la intrare.

-Iată-ne din nou acasă!

-Bine aţi venit dragii mei!

-Bună scumpo!

-Uşor că mă bagi iar în spital, îi spune Ligiu mamei sale, care îl strânge la piept bucuroasă că îl vede acasă. Ce bine e să fii iar acasă! Pe vremuri în casa asta era atâta căldură.

-Ai văzut ce brad frumos avem? Aproape l-am terminat. Mi-am amintit cum îl împodobeam împreună cu tine şi cu Dana.

-Da, mamă. Şi eu îmi amintesc. Ba puneam globuri galbene, ba roşii.

-Ce spui? Mi se părea că numai eu voiam să pun globuri colorate.

-Ai auzit-o tată?

-N-aveţi idee cât mă bucur că suntem din nou aici.

-După toate câte s-au întâmplat... Eu sper un singur lucru. Sper că acest coşmar se va sfârşi complet, le spune tata. Se va sfârşi curând. O să vezi. Dar trebuie să-mi promiţi că te vei gândi doar la vindecare.

-De ce nu te întinzi puţin? îl întreabă mama grijulie. Ţi-am

făcut o surpriză şi ţi-am pregătit o ciorbiţă.
-Minunat! M-aş plimba puţin prin grădină. Ce zici?
-Pe frigul ăsta? Nici să n-aud, îl opreşte mama.
-Are dreptate mama ta. Poate că ar fi mai bine să te întinzi puţin în pat.
-Nu mai spun nimic, sunt prizonierul vostru. Bine, mă mulţumesc atunci cu ciorbiţa.
-Şi cu toate celelalte bunătăţi pe care mama le-a pregătit pentru noi aşa cum face de fiecare dată, indiferent că e sărbătoare sau zi obişnuită. Cu siguranţă după ce vei mânca nu te mai grăbeşti.
-Un singur lucru nu înţeleg, de ce ai făcut aşa de repede cozonacii? Nu mai ştii că mie nu îmi plac după ce se întăresc?
-Fii liniştit, mai fac alţii pentru Crăciun. Poţi mânca acum din care vrei sau cu nucă, sau cu mac, pentru că ştiu că aceştia îţi plac cel mai mult.

* * *

Cu face de fiecare dată, în drum spre Judecătorie, Dana se opreşte pentru câteva minute pe la părinţii ei.
-E foarte trist. Nu mi-aş fi închipuit că totul se va termina aşa între Ligiu şi Eliza.
-Mai rău e că nu s-a terminat, tată, precizează Dana. Partea cea mai dureroasă va fi la proces.
-Cum se simte Eliza?
-Sper că discuţia noastră i-a dat puţin curaj, ca să înfrunte situaţia asta.
-Dar tu cum te simţi? intervine mama.
-Bine, mulţumesc. De ce?
-Am vorbit cu Marc despre problema voastră...
-Nu-ţi face griji pentru mine, totul e sub control.
-Da, dar mi-e teamă să nu se termine totul şi între voi, oftează

mama.

-Nu eu am vrut asta. El a făcut greșeala. De când a revăzut-o pe Corina, e altul. Parcă a înnebunit.

-Ajută-l să-și revină. Nu poți să-l lași așa.

-Cum așa, mamă? Eu l-am iertat, dar nu asta e problema. Nu suport să-l văd suferind pentru altă femeie.

-Îl iubești, aveți o fetiță împreună și sunt sigură că și el te iubește. Ar trebui să-l faci să priceapă că ceea ce are acum e mult mai important ca trecutul.

* * *

Cu fetița în brațe, Marc măsoară sufrageria dintr-un capăt în altul, purtat pe aripile gândurilor. În față îi apare din nou scena de la aeroport, atunci când Corina l-a părăsit și el a ajuns s-o mai vadă pentru câteva clipe, dar n-a reușit s-o facă să se răzgândească și a plecat.

Se apropie de canapea și o așează pe Sara rezemată de pernă, cu iepurașul de pluș în brațe.

-Stai aici puțin, scumpo, îi spune el și după ce ridică receptorul telefonului formează numărul.

-Salut, Mircea! Sunt Marc.

-Salut, Marc. Ți-am recunoscut vocea. Ce mai faci, băiete?!

-Bine. Voiam să te întreb, mai putem accepta treaba aceea la barul „Select", din Poiană?

-Cred că da. Trebuie să dăm un răspuns până mîine. De ce?

-E o ocazie importantă pentru toți, nu?

-Vorbești serios?

-Sigur. Mă las de poliție. Gata, nu mai suport. Voi fi alături de voi. Doar dacă mai vreți.

-Cum să nu, ce întrebare! E o mare ocazie pentru noi să cântăm acolo.

-Îi spui tu lui Bebe?

-Da, nu-ți face griji. Cum de te-ai răzgândit? Ai vorbit cu Dana?
-Nu încă. Oricum, nu mai pot să stau nicio clipă în casa asta. E o atmosferă prea încărcată.
-Așa că te-ai hotărât să păstrezi distanța puțin?
-Da.
Ușa se deschide imediat ce Marc închide telefonul și Dana intră cu sacoșele pline de cumpărături.
-Marc! Ești aici?
-Mai încet, că doarme fetița!
-Iartă-mă pentru cele ce ți le-am spus aseară, nu știu ce m-a apucat.
-Nu-ți cere scuze, Dana.
-Îmi pare rău și pentru chitară. S-a stricat?
-Nu, am reparat-o. Nu-i nicio problemă.
-Aș vrea să nu ne mai certăm, Marc. Va trebui să facem ceva pentru noi.
-E limpede că nu-i de ajuns să vrem. Poate că problemele noastre sunt atât de grave, încât nu le putem rezolva.
-Nu m-am gândit că n-ar fi, dar țin la tine și la Sara mai mult ca orice pe lume, îi spune Dana.
-Hai să ne așezăm, o prinde Marc pe după umeri. Mai înainte, ai spus că mă port ca un copil.
-N-am gândit asta, iartă-mă...
-Ba nu, ai dreptate. Cred că nu pot continua să mă chinui și, mai ales, să te chinui pe tine. De aceea am luat o hotărâre foarte dureroasă, dar corectă.
-Care?
-Nu mai putem trăi împreună Ne facem prea mult rău. Așa că, eu cred că ar fi mai bine să plec.
-Poftim?!
Lacrimile sunt gata să țâșnească din ochii lui Dana.

-Plec. E mai bine aşa.
-Nu putem să discutăm măcar?
-M-am hotărât.
-Cum poţi să laşi totul pentru cineva care ţine de trecutul tău, Marc?
-Nici mie nu îmi este uşor. Dar voi fi singur. Corina cred că a plecat.
-Un motiv în plus! De ce mă părăseşti? Uită-te în ochii mei şi spune-mi că poţi trăi fără mine şi fără fiica ta.
-Nu pricepi că şi pentru mine e greu?
-Nimeni nu ţi-a cerut acest sacrificiu!
-Adevărul e că nu mai pot să stau nicio clipă în casa asta cu tine şi cu Sara. Ia-o măcar ca un gest de sinceritate.
-Sigur că da. Ce am făcut împreună nu mai valorează nimic.
-În aceşti ani n-am făcut altceva decât să mă gândesc la Corina.
-Foarte bine! Ce-am făcut noi împreună? Nimicuri de ţinut la mansardă?
-Nu pot să fac nimic. Nu mai suport!
-Am luptat împreună ca să creăm relaţia asta. Am făcut multe sacrificii. Numai Dumnezeu ştie prin câte am trecut ca să fiu cu tine.
-Nu-s de ajuns toate astea ca să merg mai departe. Trebuie să mă opresc şi să înţeleg ce se întâmplă.
-Te rog, Marc, nu mă părăsi! Am nevoie de tine! îl îmbrăţişează Dana şi plânge cu capul pe imărul lui.
-Îmi pare rău, dar n-are sens să continuăm. Deocamdată, merg şi cânt cu grupul. Cântăm într-un local din Poiană.
-Crezi că asta e o soluţie?
-Nu. Dar poate e primul pas spre o soluţie.
-Ce se va întâmpla dacă pleci?
-Nu ştiu. Nu înţelegi că fac asta pentru noi?

-Faci asta pentru noi? Mă laşi baltă cu fetiţa şi o faci pentru noi? Te porţi ca un copil, Marc.
-N-are rost să mai continuăm aşa, Dana.
-Nu te mai recunosc deloc. Altă dată ai fi rămas aici să lupţi. Totul este un mister pe care nu îl înţeleg.
-Lucrurile s-au schimbat foarte mult. Nu mai sunt ca altădată.
-Da, tu te-ai schimbat. Ai devenit un egoist. Unde a dispărut omul ăla care lua lumea în piept? Care şi-a riscat viaţa pentru a-l salva pe tata?
-Încerc să aduc limpezime în viaţa mea.
-Viaţa ta, suntem şi eu şi fiica ta!
-Nu-ţi dai seama că greşeşti mult amestecând-o în discuţie pe fetiţă?
-Da? Adevărul e că eşti tulburat de sentimentele astea de adolescent. Uiţi cine te-a iubit tot timpul ăsta, cine ţi-a dăruit atâtea. Eu trăiesc un coşmar din cauza fratelui meu şi în perioada asta nu mi-ai spus o vorbă de alinare. Ar trebui să-ţi fie ruşine. Vino, scumpa mea, o ia Dana pe fetiţa adormită în braţe. Tăticul tău ne iubeşte, numai că trece printr-o perioadă proastă. Se mai întâmplă în viaţă. I se întâmplă oricui.

Rămas singur, Marc îşi face bagajele. Dana aşează fetiţa pe pat şi începe să o îmbrace în pijama, vorbind cu ea chiar dacă fetiţa e adormită:

-E puţin încăpăţânat, dar aşa e tăticul. Uneori e ca un copil. Pare mai mic ca tine. Dar o să vezi că-ţi va fi alături mereu. Bagă mânuţa aici. Hopa sus, iubita mea. O să vezi că-ţi va fi mereu alături, puiule. Vei fi întotdeauna fetiţa lui. Întotdeauna... o strânge ea pe Sara la piept.

Marc adoarme pe canapea, cu televizorul deschis.

* * *

Dimineaţa, Dana se trezeşte şi îi dă fetiţei să mănânce. Cu

valiza lângă canapeaua din sufragerie, Marc doarme. Dana îl trezeşte şi îl întreabă:

-Îmi închipui că aş putea să-ţi vorbesc ore în şir şi tot n-aş reuşi să te fac să te răzgândeşti, nu? Când ai de gând să pleci?

-Am un tren la ora zece şi treizeci de minute. Mi se pare absurd să părăsesc casa asta.

-Vrei să mă faci să cred că-ţi pare rău?

-Sigur că-mi pare rău. Cele mai importante lucruri din viaţa mea sunt în casa asta. Tu, fetiţa noastră, Sara... Dacă mă gândesc îmi vine să mor. Dar cum ţi-am spus, nu mai suport...

-Ai luat o decizie. Eşti liber să pleci. Dar, te rog, scuteşte-mă de vorbele astea patetice!

-Nu-i nevoie să faci aşa.

-Fac ce vreau. La fel cum faci tu acuim cu mine. Te-ai hotărât să pleci? Foarte bine! E hotărârea ta, iar eu o respect. Să nu te gândeşti că te mai întorci aici! Nu, asta niciodată! Pentru că să ştii, n-o să ne mai găseşti aici pe mine şi pe Sara.

-Nu e un capriciu al meu.

-Vrei să te duci după toanta aia, du-te, dar eu n-o să te aştept, să ştii!

-Bine. Poate că merit asta. Dar să ştii că în ciuda furiei şi urii pe care le simţi pentru mine acum e ceva ce ne leagă pentru toată viaţa.

-Sara, nu?

-Sigur.

-Tocmai tu ai tupeul să vorbeşti despre Sara pe care ai abandonat-o? Apropo, dacă...

Fetiţa se joacă la măsuţa ei liniştită. Marc se apleacă şi o mângîie pe creştet.

-Tu nu înţelegi ce s-a întâmplat, nu-i aşa? Micuţa mea... Vino încoace, îi spune el şi o ia în braţe. Tatăl tău o să plece. Ştii, uneori, mă gândesc că, noi cei maturi suntem nişte idioţi plini de mister.

Credem că voi copiii nu vă dați seama de anumite lucruri, dar nu e așa. Ce dor îmi va fi de tine, scumpo! o strânge el la piept și o mângîie. Cel mai trist e că și tu îmi vei duce lipsa. Mă vei urî și te vei întreba de mii de ori de ce a plecat tati de acasă. Să știi că ți-aș da, negreșit, dreptate. Iubito, să facem un pact. Când te vei face mare, vom face împreună o lungă călătorie și tata îți va explica de ce a plecat. Ești persoana pe care o iubesc cel mai mult pe lume. Iartă-mă! Tata va încerca să-ți fie aproape mereu. Oricând vei avea nevoie de ceva, tata va fi mereu aproape, bine? Să fii cuminte, Sara, tata te iubește...

* * *

Procesul care îl avea era greu și nu avea niciun motiv să-l amâne, așa că, Dana îi dă un telefon mamei sale și o roagă să vină urgent la ea acasă.

Era deja ora zece și Marc plecase. Pe ușă intră mama, speriată de graba cu care Dana a chemat-o.

-Ce e?

Ea nu-i răspunde și continuă să-i țină fetiței sticluța cu lapte.

-Ce sete îi era fetiței!

-Îmi spui ce s-a întâmplat, repetă mama. M-ai îngrijorat la telefon.

-Marc m-a părăsit. A plecat.

-Cum așa? Unde?

-A plecat pentru totdeauna, mamă.

-A înnebunit complet? Cum vă poate lăsa pe tine și pe Sara? Și tocmai acum în preajma Crăciunului?

-Am mai vorbit despre asta.

-S-a întors la Corina?

-Nu știu. Nu mai lucrează în poliție, a demisionat. S-a întors la formația cu care cânta. Scuza e că are mai multe concerte, dar adevărul e că e obsedat de femeia asta.

-Dumnezeule! O să vezi tu că mai devreme sau mai târziu îi va trece.

-Degeaba, va fi prea târziu. Eu nu voi mai fi disponibilă.

-Vorbești așa pentru că ești supărată, dar...

-Dar ce? În cine să am încredere, într-un bărbat care își lasă soția și fiica? O fetiță așa mică? Și pentru cine? Pentru o fantomă?

-Mi se pare absurd, oftează mama.

-Chiar așa! Eu nu pot face nimic. Nu pot să stau și să plâng după el. Am o meserie grea, trebuie să am capul limpede. În mâna mea e soarta unor oameni. Am și eu viața mea. Și trebuie să mă gândesc la Sara.

-Te pot ajuta cu ceva?

-De asta te-am chemat. Peste puțin timp, începe procesul și nu știu cu cine s-o las pe Sara.

-Eu sunt aici, Dana. Nu e nicio problemă. Dar nu avea Nina grijă de ea?

-Ba da, dar acum mama și fratele ei sunt aici în oraș. Au venit pentru niște analize. Mama lui Nina nu se simte prea bine de câteva luni și ea trebuie să se ocupe de ei în aceste zile. În sfârșit, acesta este motivul.

-Bine, draga mea. Eu mă bucur că voi petrece puțin timp cu minunea asta mică!

-Mulțumesc, mamă. Știam eu că mă vei ajuta, că pot avea încredere în tine.

-Sigur că sunt fericită dacă te pot ajuta cumva.

-Trebuie să merg să vorbesc cu procurorul. Vă las. Mă întorc repede.

-Nu-ți face probleme, draga mea. Rezolvă tot ce trebuie. Mă ocup eu de Sara.

-Multumesc, mamă.

* * *

MISTER

Dana trece pe lângă statuia care îi înfățișează pe Lupa Capitolina și pe legendarii întemeietori ai Romei, Romulus și Remus, apoi traversează frumosul Parc Central.

Câteva zeci de trepte de urcat și ajunge pe Cetățuie. De pe cea mai înaltă colină orașul îți apare în toată frumusețea lui.

Ajunge în fața grădiniței și parcă aude glasul strident al educatoarei. Îi vede ochii ieșiți din orbite atunci când s-a aplecat și a luat-o de mână și i-a spus că din cauza ei nu poate să-și facă activitățile care le are în program. O deranja pentru că ea tușea.

A scos-o afară în curte. Era o zi de primăvară. Dana s-a așezat pe treptele scăldat de razele palide ale soarelui. Îi curgea nasul și tușea. De multe zile tusea nu o lăsa în pace. Batistuța ei era udă și dacă și-a șters nasul cu ea nu mai avea decât mâneca de la pulover cu care să-și șteargă lacrimile.

Nu au trecut decât câteva minute și alături de ea s-a așezat Eliza, care tușea și ea, fetița cu care s-a împrietenit încă din prima zi, atunci când a plâns în hohote văzând că mama o lasă acolo și pleacă. A plâns pentru că ea a crezut până în ultima clipă că mama va rămâne la grădiniță cu ea și se vor juca împreună. Abia după câteva zile a înțeles că numai copiii rămân la gradiniță iar mămicile trebuie să meargă la serviciul lor.

Amintirile o năpădesc, amintirile o chinuiesc... Dana oftează și trece mai departe.

Au trecut mai bine de treizeci de ani de atunci, dar orașul a rămas neschimbat.

Pe a două stradă la dreapta, dincolo de Primărie, se află Judecătoria. Urcă scările și intră:

-Bună ziua!

-Bună ziua, doamna avocat. Domnul profesor doctor Vlaicu vine imediat. Luați loc vă rog, îi spune secretara.

Procurorul Racoți intră și se așează la birou.

-Bună ziua, doamna Deac. Sunteți îngrijorată pentru expertiza psihiatrică a clientei dumneavoastră?

-Da. De această expertiză depinde validitatea apărării mele. Trebuie să confirme incapacitatea de a raționa a clientei mele.

-Sigur. Dar trebuie să țineți cont de diagnostic. Domnul profesor doctor Vlaicu, e un psihiatru bine cunoscut și respectat. O știți mai bine decât mine.

Ușa se deschide și în biroul procurorului intră profesorul docror Vlaicu.

-Bună ziua!

-Bună ziua, domnule doctor Vlaicu. Luați loc, îl poftește procurorul. Doriți o cafea?

-Nu, mulțumesc. Nu am timp. Să începem!

-Vă rog...

Doctorul Vlaicu deschide geanta diplomat și scoate plicul pe care apoi îl întinde procurorului.

-Acesta e raportul meu asupra cazului.

-Puteți face un rezumat?

-Sigur. Doamna Eliza Vancea e perfect rațională.

-Sunteți sigur, domnule doctor?

-Da. Doamna suferă de o patologie depresivă, iar în ultima vreme, chiar a luat medicamente, fără prescripție medicală.

-Doamna Eliza Vancea avea tratamentul dat de...

-Da, dar nu trebuia să facă niciun tratament.

-Deci vreți să spuneți că aceste medicamente i-au influențat starea psihică? intervine Dana în discuție.

-Nu, clienta dumneavoastră poate distinge între bine și rău. Îmi pare rău. Acesta e diagnosticul meu. Dacă nu mai aveți alte întrebări, o să plec.

-Vă rog.

-Mulțumesc. La revedere!

Nedumerită de ceea ce i-au auzit urechile, Dana se ridică oftând.

-Pot să vă întreb ce intenționați să faceți acum, doamna

avocat?

-Nu am de ales. Trebuie să continuu să o apăr.

-Încercați să obțineți o expertiză individuală?

-Voi ataca raportul lui Marian, psihoterapeutul Elizei Vancea.

-Faceți cum credeți doamna avocat. Ne vedem la proces. La revedere!

-La revedere, domnule procuror.

* * *

Dacă te oprești și privești din stradă vila în care locuiește familia Dima, observi că partea ocupată de vecini este ca părăsită. Părinții fetei care locuiește acolo Elvira Matei, amanta doctorului Bibescu, au decedat, iar ea nu este interesată decât de propria-i persoană. Încă din fața porții, îți dai seama că acolo lipsește cineva care să se ocupe de treburile gospodăriei. Până și poarta și gardul sunt năpădit de buruieni uscate, iar în curte mizeria e la ea acasă. Dărăpănată, casa și ea, este acum o ruină.

Terasa frumoasă de pe vremuri, unde stăpânii stăteau la umbră, iar copiii se zbenguiau e plină de praf și de lucruri vechi scoase din casă.

Acum, pereții sunt scorojiți, iedera a năpădit casa și terasa, unde nu se mai află decât două scaune împletite din nuiele și o masă rotundă, pe care într-o vază, trei trandafiri artificiali de mult nu au fost spălați de praful care i-a acoperit, încât, abia li se mai distinge culoarea.

În schimb cealaltă parte a casei, acolo unde locuește familia Dima este îngrijită, iar curtea curată așteaptă primii fulgi de nea să se așeze.

Te impresionează casa de cum urci cele trei trepte și pătrunzi de pe terasă în sufrageria imensă, unde poți admira încăperea, tablourile, fotoliile adânci, cu o expresie de rezervă tăcută.

Totul în superba casă este îmbrăcat în nuanțe vii, de la pereți și până la stofa mobilelor florentine asortate cu luminoase oglinzi adânci, al căror cleștar pare să te soarbă.

În bucătărie mama și tata sunt cei care pregătesc bunătățile pentru sărbători, dar nu așa ca în alți ani.

-Sebi, la ce te gândești?

-La ce ai vrea să mă gândesc, Felicia dragă?

-Sebi, dar tu ce faci acolo? Stai, stai nu pune! Nu vezi ce pui în maioneză? În loc de ulei ai luat sticla cu oțet?

-Nu-mi mai pasă de nimic!

-Lasă-mă pe mine.

-Da, mai bine. Îți dai seama, să-și omoare soțul? Mă gândesc numai la proces. Nu se poate să fie adevărat! Noi trebuie s-o ajutăm, Felicia.

-Bineînțeles, Sebi. Asta e clar. Dar nu vreau să te văd așa agitat. Eliza nu are nevoie de asta. Trebuie să fim calmi și să avem încredere în Dana.

-Nu, nu-mi place ca fata mea să fie luată drept nebună, să știi!

-Dar ce legătură are asta cu nebunia? Incapacitatea mentală e altceva. Înseamnă că, atunci când s-a întâmplat nenorocirea asta Eliza nu era în deplinătatea facultăților mintale. Atâta tot.

-Știu perfect ce înseamnă asta. Dar îți dai seama ce înseamnă asta pentru fata noastră? Când va fi arătată cu degetul pe stradă că e nebuna care a încercat să-și omoare soțul într-un moment de nebunie...

-Sebi dragă, nu avem altă variantă. Sau ai prefera să facă zece ani de închisoare?

-Nu, dar eu sunt sigur că Eliza nu putea să facă asta.

-Știu. Stai liniștit, o să fie bine. Simt asta. Dana e curajoasă și e un avocat de prima mână. Nu-mi pasă de ce crede lumea. Eliza e fiica mea și nu vreau să facă închisoare.

* * *

De la Judecătorie, Dana parcurge pe jos drumul până la casa familiei Dima. Bucuros când o vede că intră în curte, Sebastian îi deschide repede ușa.

-A venit Dana! Spune-ne repede ai vești?

-Da, însă nu sunt bune. Profesorul doctor Vlaicu a adus expertiza.

-Și ce a spus?

-Confirmă starea depresivă a Elizei, dar și că este rațională.

-La naiba! Și acum ce se întâmplă? intervine Felicia.

-Boala mintală este singura strategie de apărare.

-În loc să demonstrăm că e nebună, n-ar trebui să dovedim că e nevinovată, propune Sebastian.

-Sebastian, ți-am spus că avem nevoie de dovezi. Cercetările de până acum confirmă contrariul. E inutil s-o apăr, nu am face decât o...

-Fata mea n-a făcut rău nimănui.

-Ai dreptate, dar acum important e să evităm închisoarea.

-Să sperăm că va fi bine. Vrei să vorbești cu Eliza? o întreabă Felicia.

-Da.

-E în camera ei.

-Bine, ne vedem mai târziu, le spune ea și se îndreaptă spre camera Elizei.

-Nu-mi place deloc povestea asta, Felicia.

-Nu ai deloc încredere în Dana?

-Dana e deșteaptă, o să reușească, o va scăpa de închisoare, doar că eu... Nu pot accepta, nu am o fată nebună, ci nevinovată.

* * *

În camera cu jaluzelele trase, Eliza stă în fotoliu.

„M-am trezit brusc și am văzut cele două pastile pe noptieră, dar nu le-am luat. Am închis lumina și m-am culcat. Am auzit un

zgomot și m-am ridicat din pat. Îmi amintesc... M-am dat jos din pat... Ce zgomot era?"
  Eliza se ridică de pe fotoliu și se apropie de ușă, pune mâna pe clanță și în momentul acela intră Dana.
  -Eliza, ce faci după ușă?
  -Nu-ți face griji. Dana, cred că-mi amintesc ce s-a întâmplat în noaptea aia.
  -Bine...
  -S-a întâmplat un lucru teribil. Îmi amintesc perfect.
  -Bravo! Din seara în care...
  -Da. E ceva important.
  -E ceva anume?
  -Nu, nu știu cum mi-am amintit.
  -Liniștește-te! Să ne așezăm. Povestește-mi.
  -În seara aia, m-am certat cu Ligiu. Îți amintești că mi-a spus că sunt stearpă și toate celelalte lucruri...
  -Da.
  -Apoi, m-a dat afară din casă și am rătăcit pe străzi. Nici nu știu cum am ajuns la casa medicului meu, Marian. El a reușit să mă calmeze și apoi m-a condus până acasă.
  -Așa, și apoi?
  -În sufragerie, Ligiu dormea îmbrăcat pe canapea. M-am culcat și eu, dar în dormitor. Doctorul Marian îmi dăduse niște pastile, dar eu nu le-am luat.
  -Dar ai adormit și tu.
  -Da, dar la un moment dat m-a trezit un zgomot de parcă se muta mobilă.
  -Deci, te-a trezit un zgomot puternic.
  -Acel zgomot m-a făcut să mă duc să văd ce e. Și acum mi-am amintit un lucru care schimbă totul.
  -Eliza, scuză-mă că n-am răbdare, dar trebuie să treci la subiect. Procesul va avea loc peste două zile.

-Dar îți jur că am visat!
-Bine, te ascult.

* * *

Situația financiară a firmei Textila S.A., de câteva luni îl pune pe gânduri pe directorul Vancea. Vânzările au scăzut.
În biroul său intră directoarea cu probleme de marketing și îi aduce directorului vești rele:
-Nu e ca data trecută, dar acum scăderea vânzărilor e alarmantă.
-Văd, oftează directorul Vancea. Sper ca studiile de piață să ne ofere ceva soluții.
-Vă cunosc, domnule director și sunt convinsă că veți rezolva problema datorită datelor pe care le aveți.
-Ești foarte drăguță. Să sperăm. Când vom avea rezultatele finale? Da, ridică el telefonul. Numai puțin. Scuze. M-au sunat ieri. Din păcate, acum la sfârșitul lui decembrie. Exact asta nu voiam, îi spune el secretarei după ce pune receptorul jos. Trebuie să facem noi investiții. Personalul trebuie recalificat, trebuie mașini noi.
-Domnule director, credeți că o să reușim să respectăm scadența plăților de data asta?
-Trebuie, Lavinia. Nu va fi ușor. Îți mulțumesc încă o dată că ai venit aici. M-ai scutit de...
-Domnule director, pentru atâta lucru...
-Lavinia, dacă vrei te însoțesc, dar mai întîi trebuie să ajung la proces. Începe procesul nurorii mele. Acum asta mă preocupă cel mai mult.
-Îmi imaginez. Trebuie să fie un moment dificil pentru dumneavoastră. Vă doresc din tot sufletul să se rezolve cât mai repede toate problemele. În cel mai bun fel.
-Mulțumesc.

* * *

În sala de judecată scaunele sunt toate ocupate.

În primul rând s-au aşezat părinţii şi sora Elizei şi părinţii lui Ligiu, iar în partea dreaptă a sălii, dar mai în spate, intră şi ocupă loc psihoterapeutul Marian, împreună cu Roxana, soţia lui.

-Dana, se apropie părinţii Elizei de avocată.

-Sebastian! Să nu aveţi emoţii...

-Avem încredere în tine, dar voiam să te întreb dacă vei folosi pentru apărare ceea ce şi-a amintit Eliza.

-Nu, mă tem că nu. Am stabilit deja tactica de apărare şi ar putea fi riscant să o schimb acum.

-De ce? Sunt elemente noi? intervine Felicia.

-Nu, nu avem nicio dovadă. Este doar cuvântul Elizei şi nu e suficient.

-Dana, sunt sigură că Eliza ar putea spune adevărul. Şi domnul judecător va înţelege că nu minte.

-Şi tu ai dreptate. Poate, la momentul oportun o s-o chem să depună mărturie. Iată-i! Le spune Dana şi arată înspre Eliza şi comisarul Albu care tocmai intră în sala de judecată.

-Doamna este acuzata, îi spune comisarul subofiţerului care îi aştepta lângă boxa acuzaţilor.

-Curaj! îi urează Dana şi o priveşte schiţând un zmbet subtil.

-Rămîneţi aici? îl întreabă Eliza pe comisar.

-Nu, trebuie să ies. Voi sta afară până voi fi chemat să depun mărturie, răspunde comisarul. Dar te las pe mîini bune. Succes!

Completul de judecată intră în sală şi îşi ocupă locurile. Primul care este chemat să depună mărturie este Ligiu.

-Sunt conştient de responsabilitatea implicată de declaraţia mea. Jur că spun adevărul şi numai adevărul.

-Poftiţi domnule procuror, îi spune judecătorul.

-Domnule Vancea Ligiu, dumneavoastră sunteţi soţul

acuzatei, Vancea Eliza, nu?

-Da, raspunde el, şi apoi adaugă în şoaptă, am fost..

-De cât timp sunteţi căsătoriţi?

-De un an şi ceva.

-Puteţi spune în faţa Curţii care era relaţia cu soţia dumneavoastră?

-Da. Ne-am căsătorit din dragoste. Apoi, am început să ne certăm tot mai des, până când certurile au devenit insuportabile. Practic, ne certam în fiecare zi.

-Cum explicaţi această deteriorare a relaţiei? continuă procurorul.

-Nu ştiu... Cred că factorul principal a fost soţia mea, care nu a putut face un copil. Eu îmi doream enorm un moştenitor. Acum când mă gândesc, cred că a fost şi o nepotrivire de caracter. Recunosc, nici eu nu am fost un soţ model. Eram mereu la muncă, n-am avut timp liber prea mult pentru familia mea.

-Deci domnule Vancea, vă certaţi des. Şi? În ultima seară?

-În seara aceea, ne-am certat mai rău ca niciodată. Şi eu am un caracter dificil, dar ea era beată, onorată instanţă, spunea prostii şi fraze fără sens. M-a enervat îngrozitor şi-apoi am explodat, pur şi simplu.

-Vreţi să fiţi mai exact? Puteţi spune în faţa Curţii care anume erau aceste lucruri stranii la soţia dumneavoastră?

-În acea seară, fusesem la restaurant. S-a comportat îngrozitor. A început să bea, s-a îmbătat, a făcut o scenă în oraş. Era jenant, ca să nu zic că era o scenă tragi-comică. După ce ne-am întors acasă am continuat să ne certăm. Cred că am insultat-o, nu-mi mai amintesc bine totul, şi am aruncat-o pe pat.

-Şi apoi ce s-a întâmplat?

-Am dat-o afară din casă.

Un murmur a cuprins sala.

-Linişte!

-Ştiu că poate am exagerat puţin, continuă Ligiu, dar eram exasperat. Cred că asta a făcut-o să ia cuţitul şi să mă înjunghie.
-Nu, Ligiu! îi replică Eliza care nu se mai poate abţine când îl aude ce spune. Nu! Nu aş face aşa ceva. Te iubesc, trebuie să mă crezi!

Toate privirile se întorc înspre Eliza. Judecătorul este nevoit să intervină:

-Linişte! Altfel voi fi nevoit să eliberez sala.

-Domnule judecător, cer o scurtă suspendare pentru a discuta cu clienta mea, intervine Dana.

-Se acceptă. Curtea se retrage. Şedinţa se reia peste zece minute.

Privirea lui Ligiu se îndreaptă spre Roxana care se ridică de lângă soţul ei şi iese din sală. Ligiu, grăbit, trece pe lângă Sebastian care îl săgetează cu privirea. Acesta se preface că nu îl vede pe socrul său şi iese pe hol.

-Roxana!

-Ce vrei? Nu se poate, nu aici...

-Ştiu, dar nu mă pot abţine, se apropie el de ea. Nu reuşesc să fac nimic fără tine. Ai intrat atât de adânc în sufletul meu... Mă gândesc la tine zi şi noapte, în fiecare secundă...

-Te rog, încearcă să te abţii. Măcar aici, îi replică ea şi îi întoarce spatele.

-Avem multe de lămurit noi doi. Am nevoie de câteva secunde apoi plec şi n-o să mă mai vezi. Eşti atât de frumoasă! o prinde Ligiu de umeri şi o întoarce spre el.

-Încetează cu toate tâmpeniile astea! Puţin stil, Ligiu... Cred că am fost destul de clară cu tine. Întrea noi s-a terminat totul, îi spune ea şi se întoarce din nou cu spatele.

-Între noi s-a terminat totul... Asta vrei să-mi spui? Tâmpenii... Nu ţi-e jenă? Nu mă întrebi nimic? Cum mă simt... Nu au trecut decât câteva zile de când am ieşit din spital. Nu-ţi pasă de mine!

Era să mor.
-Încetează! Devii ridicol, îi spune Roxana și pleacă.
-Da, poate, îi replică Ligiu.

* * *

În camera în care se află doar împreună cu avocata și cu sora ei, Eliza nu mai suportă și după cele declarate de Ligiu insistă să depună mărturie.
 -Te rog, Dana, lasă-mă să depun mărturie. Nu vreau ca Ligiu să creadă lucruri îngrozitoare despre mine. Te implor, vreau să fac asta neapărat..
 -Eliza, nu-mi pasă ce zice Ligiu și ar trebui să gândești și tu la fel. E în joc viitorul tău. Înțelege-mă că nu îți vreau răul.
 -Vreau să spun adevărul. Nu l-am urât niciodată pe Ligiu și nici n-am gândit vreodată să-l ucid. Sunt gata să jur pe viața mea.
 -Am înțeles, dar de declarația asta ar putea depinde tot procesul.
 -Nu-mi mai fac speranțe cu Ligiu, dar nu vreau să se termine așa. Vreau să știe adevărul. Și dacă o voi face sub jurământ, poate mă va crede.
 -Pot să intru?
 -Monica...
 -Cum de ai avut reacția aceea în sală. Trebuia să ai grijă ce spui. Și așa situația ta e delicată.
 -Știu, nu-mi mai spune. Dana trebuie să-mi promită că mă lasă să depun mărturie. Spune-i și tu, Monica.
 -Eliza, ți-am spus că nu mi se pare drept. Ar însemna să schimb complet apărarea.
 -Dana, te rog las-o să vorbească. Scuze, nu sunt avocat, dar mărturia ei poate să ne aducă doar avantaje. Te rog, insistă Monica.

* * *

Completul de judecată revine în sală. Avocata Dana Deac se ridică și spune:

-Domnule judecător, vreau să vă informez că am hoărât să depună mărturie și clienta mea.

-Se aprobă, doamna avocat. Acuzata poate lua cuvântul după ce vor depune mărturie martorii acuzării.

-Vă mulțumesc.

-Acuzarea poate începe.

-Mulțumesc, domnule judecător. Îl chem să depună mărturie pe comisarul Albu Emil.

Comisarul se apropie și pune mâna pe biblie.

-Sunt conștient de responsabilitatea morală și judiciară implicate de declarația mea și jur să spun adevărul și numai adevărul.

-Domnule comisar Albu Emil... Dumneavoastră ați făcut ancheta. Îmi puteți spune care era situația în momentul în care ați ajuns acolo?

-Când am ajuns la domiciliul soților Vancea, l-am găsit pe domnul Vancea îmbrăcat, pe canapeaua din sufragerie într-o baltă de sânge.

-Cine mai era în casă?

-Era soția sa, doamna Vancea Eliza și vecina Neagu Maria. Vecina a fos cea care de fapt ne-a anunțat.

-Ați observat ceva ciudat în comportamentul doamnei Vancea Eliza?

-Avea cămașa de noapte plină de sânge.

-Doar atât?

-Doamna Vancea nu mi-a răspuns în totalitate la întrebări. Era tulburată.

-Domnule comisar, în ce stare era apartamentul?

-Era ordine, între cameră și pat. Nu erau semne de intrare prin efracție la ușă.

-Au fost găsite și alte dovezi, cum ar fi altcineva în casă în momentul...
-Nu.
-Aceasta e dovada cu numărul unu. Arma delictului. Îl recunoașteți? îi arata judecătorul punga de plastic în care se afla cuțitul.
-Da. L-am găsit lângă patul domnului Vancea.
-Mulțumesc, domnule comisar. Asta e tot.
Judecătorul îl poftește să depună mărturie pe medicul psihiatru al Tribunalului.
-Domnule Mircea Vlaicu, respingeți raportul conform căruia doamna Vancea Eliza nu era în deplinătatea facultăților mintale?
-Exact. După părerea mea doamna Vancea are nevoie de ajutor psihiatric, dar este conștientă de actele sale.
-Mulțumesc, domnule doctor. Asta e tot. Puteți pleca.
-Mulțumesc.
-Doamna avocat Dana Deac, putem începe cu martorii apărării.
-Bine, domnule judecător. Vom începe cu acuzata Vancea Eliza. Mulțumesc.
-Sunt conștientă de responsabilitatea morală și judiciară implicate de declarația mea și jur să spun adevărul și numai adevărul și să nu mă abat cu nimic de la ceea ce știu.
-Doamna Vancea Eliza, e adevărat că, în ultima vreme, relația dumneavoastră cu soțul era încordată? Că vă certați adesea?
-Da.
Aceste certuri v-au schimbat cumva sentimentele față de soțul dumneavoastră?
-Nu, niciodată.
-Deci îl iubiți în continuare?
-Sigur că-l iubesc. O să-l iubesc toată viața.
-Înțeleg... L-am ascultat pe doctorul Mircea Vlaicu... Eu mă

întreb şi vă întreb şi pe dumneavoastră cum e posibil ca o femeie care este în deplinătatea facultăţilor mintale şi care îşi iubeşte soţul, să încerce să îl omoare noaptea?

-Nu eu am făcut-o! Nu i-aş face niciun rău soţului meu. Repet, îl iubesc.

-A depus mărturie şi comisarul Albu, iar faptele confirmă contrariul. În acea noapte eram în stare de şoc. Ligiu era rănit, plin de sânge... Am suferit o traumă, dar mi-am amintit apoi ce s-a întâmplat în acea noapte.

-Ce vă amintiţi?

-Am văzut pe cineva ieşind din sufragerie. Jur că l-am văzut cu ochii mei.

Murmurul se aude din nou în sală.

-Linişte, vă rog!

-Da a fost groaznic.

-Ce s-a întâmplat exact?

-M-a dat afară din casă. Nu mă mai suporta.

-Şi dumneavoastră ce-aţi făcut?

-Eu eram disperată. Am rătăcit prin oraş şi nici măcar nu ştiu cum am ajuns la casa doctorului Marian.

-Doctorul Marian, psihoterapeutul?

-Da. Era singurul care mă putea ajuta. Şi a reuşit să mă liniştească.

-Şi cum v-a calmat? Dându-vă medicamente?

-Nu, vorbindu-mi. Pastile acelea mi le-a dat după, când m-a dus acasă.

-A intrat cu dumneavoastră în apartament?

-Da, voia să vorbească cu Ligiu, să se asigure că nu începem iar să ne certăm. Dar Ligiu dormea în sufragerie pe canapea. Aşa că, mi-a dat pastilele şi a plecat.

-Dar nu aţi luat pastilele acelea. De ce?

-Fiindcă nu simţeam nevoia. Eram epuizată. Am făcut doar

un duș și m-am așezat pe pat în dormitor răsfoind o revistă, dar am adormit foarte repede. Dacă aș fi luat pastilele, n-aș mai fi auzit zgomotele.

-Puteți să ne spuneți ce înțelegeți prin „zgomote"?

-Nu știu. Știu doar că m-au trezit. M-am ridicat ca să mă duc să văd ce se întâmplă și am văzut pe cineva ieșind din sufragerie. Dar era doar o umbră.

-Cum era? Puteți să o descrieți?

-Nu, s-a întâmplat totul atât de repede, încât nu am reușit să văd. Era doar o umbră.

-Și dumneavoastră ce-ați făcut? Ați strigat după ajutor?

-Am intrat în sufragerie, am aprins lumina și l-am văzut pe soțul meu care zăcea într-o baltă de sânge. M-am aplecat și l-am cuprins cu brațele să îl ridic, dar nu am reușit. Am transpirat de frică. Am văzut tot sângele ăla acolo, continuă Eliza și își acoperi ochii și fața cu mîinile.

-Doamna Vancea, îmi imaginez că ați încercat să vă salvați soțul.

-Eram înspăimntată. M-am aplecat și l-am cuprins cu mîinile pe soțul meu să îl ridic. Nu am reușit și am fugit să-i cer ajutor vecinei.

-Eu nu mai am alte întrebări, spune avocata apărării.

-Domnule judecător vreți să o interogați pe acuzată?

-Da, mulțumesc domnule președinte. Doamna Vancea, dat fiindcă ușa nu avea semne de intrare prin efracție, cum ar fi putut intra acest agresor misterios?

-Nu știu. Știu doar că eu n-aș fi putut să-i fac așa ceva soțului meu. Îl iubesc, n-aș fi putut face așa ceva. Nici chiar din disperare.

-Patetică, nu se poate abține Ligiu.

-Nu mai am alte întrebări.

-Bine. Acuzata se poate întorce la locul ei. Următoarea înfățișare va fi în data de 13...

În sală se aude din nou un murmur. Doctorul Marian priveşte în stânga şi în dreapta, comisarul Albu rămâne pe gânduri, în timp ce părinţii Elizei şi Monica, sora ei, ies din sală. La scurt timp li se alătură Eliza urmată de comisarul Albu.

-Eliza, ai fost de milioane, o îmbrăţişează bucuroasă Monica. Când te-a interogat procurorul mi-a fost teamă, credeam că o să te încurci. Te-ai comportat foarte bine şi sunt mândră de tine.

-Povestea asta cu bărbatul misterios e incredibillă. Sper să te ajute... oftează mama şi o prinde pe Eliza pe după umeri.

-Sigur că o va ajuta! sare ca ars Sebastan.

-De ce nu ne-a spus înainte? îi răspunde Felicia.

-E un lucru care a apărut, îi replică Monica. Tu crezi, tată?

-Eu, da. Se vedea că nu minte.

-Aş vrea să creadă şi judecătorul, oftează din nou Felicia.

-Judecătorul o crede, fiindcă a spus adevărul.

-Monica are dreptate şi apoi, trebuie să avem încredere, o îmbrăţişează Sebastian pe Eliza.

-Eu plec, le spune Monica. Am cheile de la casă, voi staţi liniştiţi.

-Mulţumesc, scumpo, îi spune Eliza.

-Ne vedem acasă mai târziu! le spune Monica.

În colţul opus, Ligiu vrea să vorbească la telefon, dar privirea lui se încrucişează cu cea a lui Sebastian şi văzându-l că se apropie de el se răzgândeşte.

-Bună, Ligiu! Cum te simţi?

-Ca unul care a fost înjunghiat de soţia lui, tată socrule.

-Crede-mă, Ligiu, îmi pare foarte rău pentru ce ţi s-a întâmplat, dar îmi fac griji pentru fiica mea. Te asigur că nu ea a făcut asta.

-Nu ea? Ai dreptate, uitasem... A fost omul negru. Umbra omului misterios. Ce copil eşti uneori... Înţeleg că eşti de partea ei, e fiica ta, dar lucrurile sunt evidente.

-Sigur, Eliza e fiica mea, dar e și soția ta și tu ar trebui să-ți dai seama că spune adevărul. Nu o crezi?

-Eu recunosc numai faptele și ele îmi spun că fiica ta minte. Nu face altceva decât să mintă de dimineața până seara. Iar povestea cu umbra... Povești de adormit copiii. Vrei să știi adevărul? Fiica ta e labilă psihic și o să fie închisă.

-Tu ar fi bine să fii închis. Cum poți fii atât de cinic? Eliza a ajuns în starea asta numai din vina ta. Din cauza aroganței tale!

-Nu se înnebunește așa de pe o zi pe alta. Tu și soția ta faceți-vă un proces de conștiință, unde ați fost voi până acum?

-Ce spui? intervine Felicia, care apropiindu-se de cei doi aude ultimele cuvinte rostite de Ligiu. Cum îți permiți?

-Tu vorbești, tu care ai masacrat-o pe fiica noastră? Îți sparg fața, se repede la el Sebastian.

-Nu, Sebi! Nu merită, caută Felicia să-și liniștească soțul.

-Bravo, tată socrule, urmează-ți fiica!

-Ligiu, ajunge! Termină! îi atrage atenția tatăl lui. Sebastian, îți cer eu scuze. E un moment foarte dificil pentru toți. Încearcă să-l înțelegi. Vino! îi spune lui Ligiu și se îndreaptă spre ieșire.

Sebastian și Felicia se întorc lângă Eliza.

-Mă scuzați... se apropie Dana. Judecătorul nu crede că mai era o persoană în apartament.

-Problema e că avem nevoie de dovezi, menționează comisarul Albu.

-Dar se poate să nu valoreze nimic cuvântul meu?

-Nu e asta, Eliza. Și nimeni nu e împotriva ta, îi spune Dana. Numai că, a demonstra asta ar putea doar să-ți înrăutățească situația.

-Și ce altă alternativă avem? Ce vrei să faci? Vrei să faci lumea să creadă că sunt nebună, nu?

-Nu, vreau doar să te scap de închisoare, îi răspunde Dana. Dacă susținem versiunea celei de a treia persoane, am putea risca să te condamne.

-Dana are dreptate, inervine comisarul. Dacă nu există dovezi...

-Vă jur pe ce am mai sfânt, mai era cineva acolo. Dacă ieşeam mai repede din dormitor poate că mă ciocneam de el. Nu mint!

Avocata şi comisarul cad pe gânduri.

-Bine. Încerc să te cred, îi spune Dana. Dar va fi greu să conving judecătorul.

-Îţi mulţumesc, Dana. Şi cum o să faci mîine la audiere?

-Mîine, va fi doar mărturia psihoterapeutului, foarte utilă, ţinând cont de faptul că el a fost ultima persoană cu care ai stat de vorbă. Şi noi vom profita de vacanţa de Crăciun pentru a aprofunda ancheta.

-Eu o să urmez pista mea, îi spune comisarul.

-Pot conta pe tine, nu?

-Sigur că da, Dana.

Eliza îi priveşte cu ochii înlăcrimaţi, dar auzindu-i ce-şi spun, îşi dă seama că cei doi vor face totul ca să o ajute.

* * *

Supărat de scena pe care i-a făcut-o socrul său, Ligiu porneşte maşina, dar străbate cu greu străzile aglomerate. Maşinile, bară în bară şi oamenii grăbiţi se îndreaptau spre casele lor încărcaţi cu cadouri pentru Crăciun.

În sfârşit, după ce etalează toate înjurăturile pe care le ştia, ajunge acasă la părinţii lui şi o găseşte acolo pe micuţa Sara.

-Bună drăgălaşa mea! Ce faci micuţo! Bună, scumpete! Nu a venit mama să te ia acasă?

-Ba da, a venit şi i-a dat mâncare, apoi s-a dus la Eliza.

-Scumpo, mama ta e ocupată cu procesul, nu-i aşa? Ai auzit unde a plecat? În loc să se ocupe de tine, umblă după cai verzi pe pereţi. Nepoţica mea, vino aici. Dar de ce tata care te iubeşte atât de mult nu a venit să te ia el?

-E vina mea. Am uitat să-i spun, îi răspunde tata care vrea să-i ascundă ceea ce s-a întâmplat între Dana și Marc.

-Dacă vrei să știi, Marc și Dana s-au despărțit, îi spune mama.

-Ce? Au înnebunit toți în ultimul timp?

-Adevărul e că se certau tot timpul din cauza unei povești din trecut. Numai că tu ai ajuns în spital și ni s-a părut că nu e cazul să-ți mai spunem.

-Săraca Dana! Acum, de fetița asta cine se mai ocupă?

-De obicei, se ocupă Nina, dar câteva zile nu poate.

-Nu o înțeleg pe Dana. E sora mea și nu pierde ocazia să se pună cu Eliza împotriva mea.

-Ligiu, sora ta nu e împotriva ta. Din contră... Încearcă să o apere pe Eliza ca să te ajute și pe tine.

-Asta-i bună! Hai, tată, fiica ta se ocupă mereu de... Până acum a câștigat procesele, dar cu ăsta o dă în bară să știți!

-Un alt avocat pentru a obține circumstanțe nu ar fi ezitat să te descrie ca pe unul care și-a dus de nas soția...

-Dumnezeule! Iarăși povestea asta, tată?!

-Da, fiindcă pentru povestea cu adopția ilegală a lui Raul ai fi avut probleme mari. Îți dai seama? Sora ta încearcă să te protejeze. Ar trebui să-i fi recunoscător, în loc să o disprețuiești.

-Dacă ușa era închisă cum mai putea fi cineva în casă? întreabă nedumerită mama.

-Tocmai asta e problema. Versiunea Elizei e greu de crezut, dar era foarte convingătoare când vorbea, îi răspunde tata. Sincer, nu știu ce să cred.

-Nu era nimeni în casă! sare ca ars Ligiu.

-Tu dormeai. Putea intra oricine. Nu ți-ai fi dat seama. Așa cum nu ți-ai dat seama când a intrat Eliza.

-Și acest cineva cum a intrat? Prin gaura cheii, ha, ha, ha. Râd și curcile.Termină, tată! Aia e o nebună! Ești singurul care crede prostia inventată de ea.

-Nebuna aia cum îi spui tu, e soția ta. Eu am impresia că vrei doar să te răzbuni.

-Ce știi tu?

-În primul rând am auzit tonul cu care i te-ai adresat lui Sebastian. Pentru ei e foarte greu. Eliza se simte rău.

-Eliza se simte rău? Ia mai lăsați-mă în pace! Familia Dima se simte rău?... Dar la mine cine se gândește? Căsnicia mea e distrusă! Viața mea a devenit un infern. Nu mai știu ce să fac. Era să fiu omorât cu un cuțit. Un cuțit în mâna soției mele!

-Ligiu, ascultă-mă, nu voiam să te rănesc.

-Dacă aș fi avut un copil, lucrurile ar fi stat altfel.

-Ligiu, nu spune asta! Noi te iubim.

-Nu contează. Oricum, e târziu. Mă scuzați... le spune el și pleacă.

Tata oftează și se așează în fotoliu.

-Nu-l mai înțeleg pe băiatul ăsta.

* * *

După ce ajung acasă de la Tribunal, doctorul Marian își face bagajul și pleacă la aeroport. Două zile trebuia să participe la un Congres de la Viena. Roxana nerăbdătoare, imediat ce rămâne singură o invită la ea pe prietena ei Silvia, care nu se lasă mult așteptată.

-Bine ai venit! Fă-te comodă. Să nu-ți faci probleme. El nu se întoarce decât mîine seară.

-Ce-i cu tine, Roxana?

-Silvia, am încercat, dar nu-l iubesc. Nu-i nimic de făcut. Nu mai suport.

-Dar el știe?

-Știe de când ne-am căsătorit. Coco m-a vindecat, mi-a redat puterea și eu am luat-o drept iubire.

-Recunoştinţă faţă de el.

-Dar el ştia cum stau lucrurile. Oricum, nu despre asta voiam eu să-ţi vorbesc. S-a întâmplat un lucru destul de grav. Am nevoie de un sfat.

-Mă sperii Roxana. Ce s-a întâmplat?

-Mai întîi promite-mi că o să rămână totul între noi.

-Nici nu mai e nevoie să-mi ceri asta. Suntem prietene de atâta timp. Ştii, că poţi avea încredere în mine.

-Ai dreptate, scuză-mă. Problema e că... Scuză-mă o clipă. Alo. Bună! Eu sunt, confirmă Roxana şi apasă pe buton astfel ca Silvia să audă convorbirea. Ce e Ligiu, nu ţi-am spus să nu mă mai...

-Nu închide te rog. Nu ne putem despărţi aşa. Trebuie să-ţi vorbesc.

-Ligiu, ai ales un moment nepotrivit, sunt la cină cu o prietenă şi nu pot să vorbesc. Ne auzim altă dată.

-Trebuie să-ţi vorbesc. E important, insistă Ligiu.

-Ţi-am spus că nu mai vreu să te întâlnesc. E inutil să insişti. Lasă-mă în pace! îi spune ea şi lasă telefonul deschis astfel ca Ligiu să poată auzi discuţia ei cu Silvia.

-Roxana ce s-a întâmplat? Ce-i cu tine draga mea?! o întreabă Silvia, curioasă să afle de ce prietena ei a chemat-o la ea.

-Asta e unul dintre lucrurile care nu merg. De dimineaţă, am luat analizele de la ginecolog. Sunt însărcinată.

-Însărcinată? Eşti sigură?

-Nu există dubii. Aştept un copil.

* * *

Luna decembrie este perioada în care, în mod tradiţional, lumea devine mai bună şi mai sensibilă, încurajată fie de albul fulgilor de nea, fie de mesajele publicitare, revărsate, cu generozitate, pe absolut toate mediile de comunicare. Iarna are însă un farmec aparte. Ne face să ne gândim mai des la cei apropiați, parcă ne oprim pentru o secundă din goana nebună de peste an, pentru a analiza ce am făcut și ce nu și pentru a ne stabili sarcini pentru un nou început. Gândul unei existențe ciclice este benefic, mai ales că mulți sunt cei care ajung la final de an cu gândul că cele rele se vor sfârși, urmând să înceapă cele din cale-afară de bune.

În sufragerie Eliza așează tacâmurile pe masă, după care se retrage în camera ei și își amintește primul Crăciun petrecut cu Ligiu, când toți erau atât de fericiți.

„-Bună dimineața! Te-ai trezit deja?

-Da. Am simțit mirosul cafelei.

-De ce nu-i dai un pupic soțioarei tale?

-I-l dau. Bună! Văd că nici n-ai pus cafea în căni.

-Ai dreptate, ridică ea cana de cafea. Dar ce e aici sub cana mea? Ce frumos! Un inel? Îți mulțumesc, îl sărută ea.

-Ăsta e din partea mea. Trebuie să-ți spun că bijuteriile au un anumit...

-Ce amuzant ești! Ăsta e din partea mea.

-Ești un ingeraș! Ce pulover frumos! E minunat!

-O să-ți stea foarte bine.

-Încă nu s-a terminat. Am vorbit cu Moș Crăciun și mi-a spus să-i facem o vizită în Finlanda.

-Nu cred!

-Dat fiindcă săptămâna viitoare suntem liberi...

-Ești o comoară. Mai am și eu ceva pentru tine.

-Nu se mai termină?!

-Nu se ridică la înălțimea...

-Nu spune asta. Tu ai gusturi. Nu duci lipsă de idei, îi spune el și deschide cutia. Un album! Ai pus și fotografiile?! Știam eu că ești o artistă. Mulțumesc. Din păcate, trebuie să plec. I-am promis Danei că o duc să cumpere un televizor. Ne vedem diseară."

În următorul an la fel, dar atunci îl aveau alături de ei pe Raul:

„-Lasă, te ajut eu, şi Ligiu îi prinde şiragul de mărgele la gât.
-Cum îmi stă?
-Eşti minunată. Îți stă foarte bine. Cât de frumoasă eşti! Vreau să stau puțin cu tine. Chiar trebuie să mergemn la prânz la ai tăi?
-Sigur... E masa de Crăciun! Trebuie să ne grăbim! Mişcă-te!
-Bine. Însă, înainte, vino să-ți arăt ceva.
-Ce?
-O atenție, îi întinde el plicul.
-Un bilet de avion pentru...?! Nu pot să cred!
-Să crezi! E visul nostru.
-Nu-mi vine să cred! Cu băiețelul, cu Raul ce facem?
-Îl lăsăm la bunici, nu? Părinții mei deabia aşteaptă.
-E un cadou minunat. Nu ştiu ce să spun. Nu e cinstit. Am spus că nu ne facem cadouri de acest Crăciun iar eu nu ți-am luat nimic.
-Am deja cadouri!
-Care?
-Tu şi Raul! Uită-te în oglindă, Eşti primul meu cadou. Deabia aştept să te „despachetez" puțin. De unde începem?" o îmbrățişează Ligiu şi o sărută.

Un oftat prelung încheie firul acestor amintiri.

* * *

În bucătărie, Felicia şi Sebastian fac ultimele pregătiri.
-Aluatul a ieşit foarte bun.
-Da.
-Îți aminteşti cum se supăra mama când o vedea pe Eliza că mănâncă aluat crud? îşi aminteşte Monica. Vă las, am ceva de făcut şi nu suportă amânare.
-Ce?

-Secret, tati.

-Ce faci cu sticlele alea, Sebi?

-Am o îndoială. Să pregătim pentru masă vin din ăsta sau din ăsta?

-Asta da problemă. Nu, servim un demidulce de Jidvei, vinul preferat al fiicei tale?

-Vin alb? Dar să nu-mi aud vorbe. Eu n-am fată preferată, amândouă sunt la fel pentru mine.

-Da? Te văd cum cazi în extaz când te uiți la ea!

-Doar în perioada asta fiindcă o văd atât de necăjită...

-Așa e, trebuie să fim foarte atenți cu Eliza, îi spune Felicia și lacrimile îi curg pe obraz.

* * *

În sufragerie Monica și prietenul ei, Alin, împodobeau bradul acum un an. Amintirile care o chinuiesc pe Eliza, revin.

-Unde am pus banda adezivă?

-Ce e aici?

-O surpriză, îi răspunde Alin și lipește fiecare cutie.

-N-am înțeles bine ce vrea să facă tata.

-Vrea ca fiecare invitat să aducă doar un cadou, care-i va fi oferit la întâmplare.

-Ideea asta i-a venit numai să ne facă să economisim. Mereu spune că nu trebuie să cumpărăm cadouri inutile.

-Mie îmi place ideea lui. E frumos să primești ceva la care să nu te aștepți. Nu reușesc să împachetez asta.

-Normal, nu te pricepi. Dacă-mi spui ce e în cutie te ajut, îl tachinează Monica.

-E surpriză. Te-ai gândit cum să le dai alor tăi vestea cea mare?

-Da. M-am gândit că trebuie să le-o dai tu.

-Eu? O fac doar fiindcă te iubesc.

-Gândeşte-te: o veste aşa frumoasă tocmai în ziua de Crăciun. Pentru părinţii mei va fi cel mai frumos cadou, îl îmbrăţişează Monica şi îl sărută. Unde ai pus... E aici.

-Gata, am terminat, să mergem la mine să ne îmbrăcăm. Vrei să întâmpinăm Crăciunul în blugi?

* * *

Îmbrăcaţi de sărbătoare Felicia şi Sebastian aşteaptă musafirii. Masa este aranjată.

-E voie? Pot să intru?

-Salut, comisare!

-Am venit... Ce s-a întâmplat? Am venit prea devreme?

-Nu, ceilalţi întârzîie. Ca de obicei. Ştii cum e tineretul ăsta, îi spune Sebadtian zâmbind. Ce floare frumoasă!

-O atenţie pentru stăpâna casei. Am fost la serviciu până acum cinci minute.

-E foarte frumoasă. Îmi plac orhideele. Mulţumesc, îi spune Felicia.

-Mulţumesc că m-aţi salvat de la un prânz solitar.

-Eşti prieten de familie. Cum era să te lăsăm singur în ziua de Crăciun?

-Sigur. Puneţi-mă la treabă dacă tot am venit devreme.

-Ştii ce facem, Emil? Hai în pivniţă să vedem... Să alegem şampania şi...

-Ce-i asta? desface Felicia bileţelul aşezat lângă farfuria ei. „Bună iubita mea. N-o să te părăsesc niciodată. Cu dragoste, Sebi." Soţul meu cel drăguţ. Doamne, oare câte cupluri au reuşit să rămână împreună peste teizeci de ani, aşa cum am rămas noi doi?!

"De Crăciun nimeni nu trebuie să fie supărat, ci toţi să ne bucurăm de Naşterea Mântuitorului nostru Iisus Hristos!" Aşa le spunea Felicia.

-Bună, tuturor! Crăciun fericit!

-Și ție, scumpa mea, îi îmbrățișează Felicia pe Monica și pe Alin, care au intrat primi în sufragerie.

-Ce frumos ați pregătit totul.

-Vino încoace! Ce obrăjori reci!

-Nu a vrut să-și pună paltonul. Spune că nu se asortează cu costumul.

-Nu, nu-i adevărat. Nu credeam că e atât de frig.

-E Crăciunul, Monica, nu e cald deloc în această perioadă a anului.

-Ce zici, le spunem azi vestea frumoasă?

-Ce veste?

-E o vorbăreață. Deocamdată, nici o veste.

-Despre ce vorbiți?

-Îmi pare rău, nu pot spune mai mult. Ordin de sus, zâmbește Monica.

-Ador secretele!, îi răspunde bucuroasă mama.

„A trecut un an" oftează, Eliza.

* * *

Directorul Vancea își plimbă nepoțica prin parc.

-Îmi dați un balon? Pe ăsta. Mulțumesc. Uite, iubita mea, bunicul ți-a cumpărat un balon, i-l întinde el lui Sara.

Singură acasă, în timp ce nu se putea hotărî cu ce să se îmbrace, Dana își amintește Crăciunul petrecut cu un an în urmă, când ea și Marc se pregăteau pentru masa din acea seară Sfântă.

„-Încă nu te-ai îmbrăcat? Nu vreau să întârzii, ca de obicei.

-Încă cinci minute și sunt gata, îi răspunde Marc. Vei vedea că ultimii vor veni Eliza și Ligiu.

-Vino puțin.

El se apropie și o prinde de mijloc.

-Nu te gândi la cine știe ce fiindcă nu avem timp. Voiam doar

să-ţi iau spuma de barbierit de după ureche.
  -Nu-mi dai niciun sărut?
  -Dacă tot nu m-am rujat încă pot să-ţi dau un sărut. Gata, eşti mulţumit? Acum grăbeşte-te, întârziem.
  -Ce spui? Mă îmbrac.
  -E seara de Crăciun. Pune-ţi ceva mai diferit, mai şic.
  -De exemplu?
  -Costumul ăla închis pe care l-am cumpărat zilele trecute.
  -Nu, am spus că o să-l îmbrac numai când sunt...
  -Până atunci cumpărăm altul, se schimbă moda. Ajunge să-ţi pui o cravată gri.
  -O cravată gri... Trebuie să mă plăteşti mult ca să-mi pun o cravată gri, îi spune el zâmbind.
  -Am un bărbat frumos şi vreau să-l admire toţi. Ce e rău în asta?
  -Bine, m-ai convins îi spune Marc şi pune la loc puloverul cu care ar fi vrut să se îmbrace.

* * *

  În sfârşit au ajuns cu toţii la familia Dima şi sunt veseli.
  -Aţi văzut rochiţa nepoatei mele? Acum nu o poate îmbrăca pentru că e prea mică fetiţa, dar cum se face cald, va fi ca o păpuşă cu această rochiţă, le spune bucuros bunicul.
  -Ce frumuseţe! o admiră Alin.
  -Tu şi hainele! Niciodată nu vrea să se îmbrace elegant, îi reproşează Monica.
  -Când nu lucrează, lui Alin îi place să se îmbrace frumos.
  -Se vede!
  -Mă inspir de la şefi. Apropo, unde găsiţi haine atât de frumoase? intervine Alin.
  -Faci pe amuzantul, îl strânge Monica de barbă..
  -Nu ştiu, dar de la o vreme mă cam provoci.

-Ce mi-ai cerut?
-Câteva zile libere de Anul Nou.
-Uită de ele. Aşa mi-a spus directorul.
-Am organizat o petrecere la...
-Uită de asta.
Mai încet cu chestia aia, conține şi alcool, Sebi, îl avertizează Felicia.
-Bună seara, tuturor! Crăciun Fericit!
-Ligiu, ce plăcere că ai venit!
-Bună! Sunt foarte fericit!
-Vine! Uite-l! Bunicul nu poate să stea nici măcar o zi fără tine. Nepoțelul meu drag! Ce faci, Raul?
-Sebastian, vino aici la noi la băieți, îl cheamă directorul Vancea.
-Scuzați întârzierea, intră Dana gâfâind.
-Mereu în întârziere!
Prințesa noastră. Sara, vino la bunica, iubita mea.
-Nu pot să cred. Sunteți toți aici? Bravo!
-Am venit de o jumătate de oră, îi replică Ligiu.
-Nu-i adevărat, abia acum am venit, îi spune Eliza.
-E vina Danei, intervine Marc.
-Nu-i adevărat. El s-a tot învârtit prin casă.
-Suntem cu toții? întreabă Felicia.
-Da!
-Atunci, la masă! Meniul e delicios. Supraveghează-l pe tata Eliza, fiindcă bea cam mult.
-Nu-ți face griji, vinul e uşor.
-Apropo, ai văzut câte cadouri sunt sub brad?
-Da. Crăciunul acesta îmi aminteşte de când eram mică. E atâta veselie! îi spune Dana prietenei şi cumnatei sale, Eliza.
-Aşa e. Parcă trăiesc un vis. Am un soț care mă adoră şi un fiu minunat, o muncă ce-mi dă satisfacții, răspunde Eliza.

-Și eu și tata? intervine în discuție Felicia.
-Ce legătură are cu asta? Voi mereu ați fost niște părinți adorabili.
-Și tu ești minunată și meriți toată fericirea ce o ai, o îmbrățișează mama. Dar ce e cu micuțul? Du-l puțin dincolo. Poate îi e somn.
-Salută-i pe toți, Raul. Pa! Nu vă place! Asta e, le spune Eliza. Îl derutați!
-Deschide gurița asta iubită! Îi spune Dana fetiței și îi dă cu biberonul să mănânce.
-Nepoțulul meu a plecat! Să umplem paharele și să toastăm. Tata și soțioara lui vă invită să serviți, le spune Monica.
-Scuzați-mă, trebuie să fac un anunț se ridică Alin. Spun? o întreabă pe Monica.
-Spune.
-Aș fi vrut să vă spună ea, dar e foarte emoționată. Deci vă voi da vestea. Eu și Monica am hotărât să ne căsătorim. Sunteți invitați cu toții la nunta noastră. Până și Sara este invitată și Raul. Toată lumea.
-Frumos cadou de Crăciun, îi îmbrățișează Felicia. Sunt așa de fericită. Sebi, nu sta așa înțepenit. Felicită-i și tu pe copii!
-Ce trebuie să spun?
-Dacă-ți vine să plângi, du-te și plângi la bucătărie.
-Toastăm, nu? Felicitări! le spune și tata și îi îmbrățișează.
-Am venit. Scuzați-mă, Raul nu vroia să adoarmă. Acum totul e în regulă. Cine alege acum? întreabă Eliza.
-Tu.
-Dar de ce eu?
-Un cadou în hârtie aurită, învârte Sebastian cutia. Înăuntru poate fi norocul. Îl vrei sau nu?
-Lucrurile astea aurite nu...
-Cui i-l dăm?

-Danei!
-Să vedem la ce a renunțat Eliza.
Dana deschide cutia.
-Să vedem ce e... O altă cutiuță de aur!
-Ce e?
-Încă o cutie. E cadoul? Ia te uită! Ce frumos! Chiar îmi trebuia!
-El ți-a dat-o.
-E o broască țestoasă și e foarte frumoasă. E de argint!
-Să trecem la alt cadou. Al cui e rândul?
-Al comisarului.
-Să vedem, dacă-l vrea.
-Da, îl vreau.
-Să vedem ce a primit comisarul.
-Ce e? Ce-i ăsta?
-Un aspirator pentru firimituri.
-Ce fac cu el?
-Îl iei la servici. Cel puțin așa nu ai miezuri în birou.
-Tăcere! Să vedem la cine merge cadoul ăsta. Cine-l vrea, învârte Sebastian cutia. E cam mare pachetul ăsta. Eu l-aș da Elizei. Îl vrei scumpa mea?
-Mie? Îl luăm? se întoarce ea spre Ligiu.
-Da. Ia-l.
-L-am luat! Ia să vedem ce este.
„Eram așa fericită și emoționată. Nu-mi puteam imagina ce era în acea cutie. Între timp mama și tata mă priveau fericiți. Continuam să învârt pachetul în mână și Dana a început să mă tachineze spunându-mi că în locul meu Sara ar fi rupt toată hârtia. Apoi Ligiu mi-a spus că dacă nu-l deschid odată o face el. Toți erau curioși să afle ce e în pachet. Totul devenise un joc. Fiecare își dădea cu părerea asupra conținutului. În sfârșit, când m-am hotărât să văd ce conține am rămas fără cuvinte. Înăuntru

era... "

Uşa se deschide şi din prag mama i se adresează Elizei:
-Micuţo, vii la masă?
-Mulţumesc. Nu mi-e foame.
-Nu se poate să stau singură,sssss Eliza. Cel puţin în ziua de Crăciun ar fi frumos să fim cu toţii.
-Bine, mamă. Poate cobor puţin mai târziu.
-Nu e bine să stai aici să te frământi. Nu-ţi face bine.
„Monica nu s-a mai căsătorit cu Alin. După trei luni s-au despărţit. Ce era în pachet? Era... A fost un an nespus de greu... De ce?" priveşte ea micul îngeraş care aştepta pe pat să fie luat şi atârnat în brad. „Putea fii totul perfect!" oftează Eliza şi îşi sterge lacrimile de pe obraji.

* * *

Crăciunul a trecut, dar linişte în familia Dima nu era. Noaptea coborâse demult peste pământ, dar încă nu se vedea luminând nicio stea. Era ceaţă. Lumina care urca spre cer, din oraş, parcă se întâlnea cu o boltă de vată cenuşie ce învăluia acoperişurile înalte. Acea indispoziţie sufletească, mai grea decât o durere fizică era stăpână pe Eliza. Nu ştia ce să mai creadă.

Nu trec mai mult de două şi comisarul nu uită să treacă pe la prietenii săi.
-Ce mai faci?
-Binişor, răspunde Eliza. Mă bucur că ai trecut pe aici, dar ai venit ca prieten sau în interes de serviciu?
-Precum abatele Faria, inamicul. Am venit să-mi controlez frumoasa prizonieră, zâmbeşte comisarul.
-Nu prea ai ce controla. Sunt urmărită pas cu pas. N-aş reuşi să fug nici măcar dacă m-ai ajuta tu, îi răspunde Eliza zâmbind.
-Aş face-o cu plăcere. Ce-ai spune de o călătorie în Maldive?
-Ştiam că nu eşti cine ştie ce ca temnicer.

-Femeile mă înduioşează. Mai ales cele care sunt în situaţia asta. Şi o femeie frumoasă ca tine... De-ai fi fost urâtă, antipatică, rea şi bătrână ar fi fost cu totul altfel.

În loc să fie flatată de ceea ce aude, Eliza oftează.

-Citate... Nu e cine ştie ce, îi spune el.

-Nu-ţi face griji. Nu gluma ta e de vină. Aş face şi douăzeci de ani de închisoare, dacă Ligiu m-ar ierta.

-Încă te mai gândeşti...

-tot timpul. Mor de dorul lui.

-Fă-mă să înţeleg. Încă mai poţi să ţii la cineva care ţi-a făcut atâta rău?!

-Ştiu că pare absurd, dar eu îl iubesc şi mai mult. Mai ales după tot ce i-am făcut.

-Ce spui? Mie mi-ai spus că nu i-ai făcut nimic! Că n-ai fost tu. Eu te-am crezut! Sunt convins!

-Nu mai ştiu care-i adevărul. Emil, nu mai ştiu care-i adevărul. Poate mi-am imaginat totul, am visat atacul, altă persoană... Cu siguranţă, aşa a fost. Dacă aşa a fost înseamnă că eu sunt de vină, oftează ea şi îşi şterge lacrimile care-i brăzdează obrajii.

* * *

Starea în care o găseşte de fiecare dată pe Eliza îl impresionează pe comisarul Albu şi continuă să afle adevărul.

Nu intenţionează să îl cheme la el, dar într-o dimineaţă ia hotărârea şi îi face o vizită lui Ligiu Vancea.

-Bună, Ligiu. Trebuie să vorbim.

-Nu acum, nu am chef.

-Îmi pare rău, dar trebuie să mă asculţi. Trebuie să ştiu dacă ai o relaţie cu Roxana Marian.

-Tot cu asta mă baţi la cap? Când o să termini? E treaba mea! Nu înţeleg de ce îmi pui întrebarea asta!

-Îţi spun imediat de ce. Dacă ai fi avut o relaţie cu ea, soţul te-ar fi putut ataca din răzbunare sau chiar Roxana.

-Un polițist demn de ... Felicitări!

-Te rog nu-ți bate joc.

-Cred că bați câmpii! Nu mai ai ce să inventezi?

-Îți amintesc că soții Dima sunt prietenii mei. Și-acum, vreau să o ajut pe Eliza!

-Poate nu-ți dai seama... De ce-ți bagi nasul? Eliza e bolnavă la cap. Vrei să crezi? Da sau nu? A inventat totul!

-Datoria mea e să verific. Îți cer ajutorul. Ce te costă?

-Ce se schimbă, dacă-ți spun?

-Ai sau nu o relație cu Roxana?

* * *

Avocata Dana Deac reușește să ajungă la vila psihoterapeutului Marian.

„Înaltă și suplă, cu ochii albaștri, ușor voalați de niște cearcăne care le măreau și mai mult frumusețea, îmi va deschide cu siguranță chiar ea și îmi va surâde într-un anume fel", se gândea Dana.

Vorbești de lup și lupul e la ușă!

-Doamna avocat, ce surpriză! Vă rog, intrați.

-Mulțumesc. Soțul dumneavoastră e acasă?

-Nu, e la București la o conferință.

-E bine. Putem vorbi în voie.

-Vă rog, luați loc

-Mulțumesc.

Roxana avea niște ochi de-a dreptul tulburători.

"Dumnezeule, câtă intensitate de viață în ochii ei! Asta da, vrajă pe lume nu alta!" își spune Dana în gând.

„Ființa asta știe cu siguranță ce vrea și, mai ales, sunt convinsă, știe să-și potolească dorințele... "

Și cu cât o privea mai mult, cu atât își dădea Dana mai bine seama că nu greșește, că viața acelei femei avea în priviri o mare intensitate.

„Ființa aceasta nu s-a învârtit prea mult în jurul vieții, punându-și probleme, și nici n-a căutat să-i descifreze sensurile, așa cum facem noi. Ea nu s-a întrebat probabil niciodată dacă viața merită sau nu merită s-o trăiești, ea a trăit-o din plin, cu intensitate și cu dragul de a trăi... "

-Cu ce vă pot ajuta?

-Nu-mi place să fiu bruscă, dar prefer să trec direct la subiect. Știu că ați avut o relație cu fratele meu. El mi-a mărturisit.

Eliza s-a uitat lung la Dana, a privit-o așa multă vreme, părea uimită.

„Nu-i convine. Întrebarea o surpinde. Se vede mai ales după felul cum mă privește. Stăm amândouă și nici nu mai vorbim, parcă ar fi după înmormântarea cuiva, atâta liniște e aici, în ciuda faptului că totul în această casă superbă e îmbrăcat în nuanțe vii, de la pereți și până la stofa mobilelor florentine asortate cu luminoase oglinzi adânci, al căror cleștar pare să ne soarbă. A cui va fi fost casa aceasta și cine a insistat la o astfel de savantă rafinare a interioarelor? Cum se simte oare Roxana lângă un bărbat cu zeci de ani mai mare decât ea, chiar dacă totul e diabolic de frumos aici în casă?"

Peste grădina din jurul casei - și care se vede bine prin înaltele ferestre - e de asemenea așternută o mare liniște. Din când în când doar se aud certându-se niște ciori, că de. Iarna doar ele mai...

-De ce vă interesează acest lucru? vine întrebarea Roxanei, care o face pe Dana să lase gândurile ce o inundă.

-Asta ar putea da o lumină diferită gestului Elizei și eu nu pot să trec peste. Pentru strategie. Înțelegeți?

-Speram să nu se afle, mai ales acum în timpul procesului. Dar ca soră a lui vă spun că... A fost o aventură fără importanță și aparține trecutului, răspunde Roxana și își dă părul de pe umăr care o deranja.

-Știu. Soțul dumneavoastră era la curent?

-Nu. Cel puțin, până aseară. Am hotărt să-l părăsesc. Am stat de vorbă mult cu el aseară. Voiam să lămuresc lucrurile înainte să plec.

-Să înțeleg că excludeți categoric posibilitatea că soțul dumneavoastră ar fi putut fi la curent înainte de ziua atacului?

-Nu pot să spun asta. M-ar surprinde, pentru că mereu am fost foarte atentă.

-Nu vă amintiți vreo întâmplare ce l-ar fi putut face bănuitor?

-Chiar nu știu. Soțul meu e un tip rece, foarte controlat, capabil să-și ascundă cele mai mari emoții. De ce-mi puneți toate aceste întrebări? Nu înțeleg unde vreți să ajungeți?

-În noaptea aceea, Eliza a venit aici, era foarte tulburată din cauza nesfârșitelor certuri cu fratele meu. Soțul dumneavoastră a linștit-o și a condus-o acasă. Ce ați făcut după ce au plecat cei doi?

-Credeți că eu l-am atacat pe Ligiu?

-E o ipoteză! Vreau să aflu cine a încercat să-l omoare pe fratele meu și sunt liberă să bănuiesc pe oricine.

-De crimă? Să fiu bănuită eu?! Când soțul meu a plecat cu doamna Eliza, am făcut ceva foarte banal, m-am dus la culcare.

-Și înainte de a vă culca, după cum spuneți, ați vorbit cu cineva la telefon?

-Mă întrebați dacă am alibi? Nu, dar dacă mă bănuiți pe mine, vă înșelați amarnic.

-De ce? Ați fi putut fi geloasă pe soția amantului, nu?

-Nu credeți că i-aș fi făcut ceva Elizei nu lui Ligiu? Lăsând la o parte faptul că n-am fost îndrăgostită de Ligiu, care mi s-a părut doar un bărbat interesant, nimic mai mult. Acum, că relația noastră s-a terminat, nu vreau să mai știu nimic.

-Înțeleg. La ce oră s-a întors soțul dumneavoastră în seara

aceea?

—N-am idee. Dormeam deja când s-a întors.

—Nu vă amintiți în cât timp ați adormit?

—Nu. Dar vă înșelați și dacă îl bănuiți pe el. Soțul meu e foarte stăpân pe sine, niciodată n-ar face așa ceva.

—Nu-mi dau seama cât de sinceră sunteți.

—Nu-mi respect soțul și nu mai simt nimic pentru el. Dacă aș ști l-aș denunța fără să mă gândesc o clipă. Sunteți mulțumită?

—Cred doar că veți fi discretă și nu veți spune nimănui ce am discutat, îi spune Dana și se ridică să plece.

O surprinde acel policandru de cristal cu lumini discrete, aducând mai mult cu un buchet de uriașe stalactite, care își topea lumina în apa adâncă a oglinzilor și, alături de ea, atât de aproape, se întredeschidea ușa unei încăperi care era cu siguranță un dormitor, din moment ce, chiar în mijloc, se ivea un pat mare, regesc. Spontan, se ridică și face câțiva pași într-acolo. Dar Roxana nu pare prea mirată. O privește cu un soi de înțelegere care o umilește, dar o și ușurează. Încearcă să se scuze și-i spune:

—Îmi plac grozav astfel de...

Nu termină cuvântul, fiindcă o fură altă idee.

—Astfel de ce? o întreabă Roxana, surâzând cu o neașteptată îngăduință. Astfel de ce?...

Nu pare totuși încântată, dar nici Dana nu se grăbește să repare. Ce ar mai fi putut spune? Se îndreaptă spre ieșire.

—Sper că rămâne între noi ce am discutat. Bună ziua.

„Femeia asta știe foarte bine ce vrea de la viață și nu regretă ceea ce a făcut" își spune Dana.

* * *

Nervos că Roxana nu-i vorbește nici măcar la telefon, Ligiu își umple paharul cu wisiky.

-Aş vrea să-i ridic o statuia celui care... Vrei, tată?

-Nu, mulţumesc, nu doresc. Cu cât beau mai puţin cu atât mai bine.

-Şi mie îmi dă o stare de nervozitate, însă azi sunt cam deprimat.

-Mai târziu vine Marc s-o ia pe Sara, o scoate la plimbare.

-Ai făcut bine că mi-ai spus că o să fac în aşa fel încât să nu fiu acasă.

-Ca să fiu sincer nici eu n-am chef să-l întâlnesc. Ştii ce fac? Îi spun mamei tale să-l poftească direct în camera în care stă ea cu fetiţa şi astfel...

-Cum mai merge fabrica?

-Nu merge bine. Au sosit rezultatele studiului cerut şi nu sunt deloc bune. Cum mă temeam s-a redeschis o veche fabrică de textile, a cumpărat-o unul din străinătate şi face concurenţă. Blestemaţii ăia vând la nişte preţuri de nimic.

-Îmi pare rău. Ce intenţionezi să faci?

-Nu ştiu. Deocamdată, am probleme financiare. Nu pot să plătesc furnizorii şi muncitorii. Nu ştiu cât voi mai rezista.

-Sunt decumpănit, nu ştiam. Dacă ai cere un împrumut la bancă? Te-ai gândit?

-Nici nu se pune problema! Deja am fost nevoit să iau un împrumut ca să achit tot ce a cheltuit porcul ăla de Lucaci, atunci când a condus în locul meu. M-a băgat în datorii, fir-ar el...

-Poate găsim o soluţie... Gândeşte-te... Trebuie să te odihneşti, să te relaxezi, să spunem ca un fel de...

-Ai chef de glume? N-aş putea niciodată. Acum, familia noastră trece printr-o mulţime de probleme şi treaba asta cu fabrica e ca şi cum mă scoate în afara jocului.

-Dacă e aşa, singura soluţie e împrumutul, insistă Ligiu.

* * *

Ce-i frumos și lui Dumnezeu îi place!

Văzând-o pe această Roxana, Dana încetase să-l mai condamne pe fratele ei pentru pasivitatea față de Eliza, recunoscând farmecul irezistibil al celeilalte și, în gând, încerca să-i stabilească și vârsta. Un calcul destul de sumar îi arăta că se cam apropia de treizeci, dar trupu-i rămăsese ca la douăzeci.

„Așa e de când lumea și pământul. Ce ți-e și viața asta? Cine e mai vinovat oare, bărbatul sau femeia? Biata Eliza! Doamne, cât mister ascunde viața, clipa aceasta care desparte nașterea de moarte!"

De la vila soților Marian, Dana se îndreaptă spre secția de poliție și intră în biroul comisarului Albu.

-Bine ai venit! Ia loc. Cum merge treaba?

-Exact cum am bănuit, răspunde Dana și îi relatează discuția ei cu Roxana.

-După ce am aflat că fratele tău și Roxana Marian au avut o relație, acum trebuie să vedem cum a influențat asta tentativa de omor.

-Până acum, s-ar părea că deloc. Doctorul nu a avut motive până de curând, adică până aseară când ea i-a mărturisit că l-a înșelat.

-Dacă doctorul Marian nu avea niciun motiv ca să-l omoare pe fratele tău, nici din gelozie, nici din răzbunare, trebuie să acceptăm că soția lui avea.

-Roxana? Nu cred, după ce am vorbit cu ea...

-Însă niciunul dintre ei doi nu are un alibi.

-Așa este. Ea doarme și nimeni nu poate confirma asta, el s-a întors acasă, dar nu se știe la ce oră.

-De ce, oricine ar fi fost n-a reușit să-l omoare pe Ligiu? Un singur lucru e clar, cel spus de Eliza că a auzit zgomote când a ieșit din dormitor și cineva ieșea din sufragerie, unde era Ligiu.

-Dacă Eliza a spus adevărul, pe lângă faptul că e nevinovată, trezindu-se, i-a salvat viața fratelui meu. Ce motivație ar fi avut Roxana să-l omoare? Dacă Marian, din gelozie, poate a aflat că e înșelat, da, dar ea? insistă Dana.

-I-am cercetat trecutul și am aflat că înainte de a se mărita cu doctorul, Roxana a fost pacienta lui. Dacă are un psihic labil?

-Oricine a fost, cum a intrat fără să forțeze broasca?

-Păcat că s-a făcut curat în casă, îi spune comisarul.

-N-am pus nimic la loc.

-Perfect! Să mergem acolo, fiindcă vreau să controlez ceva.

-Ce idee ți-a mai venit? Ce să fac cu Eliza, îi spun?

-Nu. Nu e cazul să-și facă iluzii. Să vedem cum evoluează lucrurile și îi spunem pe urmă. Ne vedem mai târziu.

* * *

Cu greu, Eliza a reușit să adoarmă, dar visează că Ligiu e întins în pat. „Ligiu!" îl privește ea și vede lângă el cuțitul. Se apleacă ia cuțitul în mână și se trezește brusc.

* * *

După discuția purtată cu Dana, soția doctorului cade pe gânduri și ajunge la concluzia că a întins destul de mult coarda. Se îmbracă repede și nu se oprește decât în biroul lui Ligiu. Aici discuția despre sarcină îi duce la replici dure.

-Cum poți lua o hotărâre așa importantă singură? Eu nu am nicio legătură? o întreabă Ligiu iritat.

-De ce nu? îi replică Roxana.

-Trebuie să ții cont și de mine. Nu sunt eu tatăl copilului sau mă înșel?

-Eu trebuie să duc sarcina. M-am gândit mult în zilele astea. Crezi că e ușor să faci un avort? Și eu vreu acest copil.

-Atunci, care e problema?

-Vreau să iau viața de la capăt.
-Și eu. Cu tine, scumpo. Crede-mă, se ridică el și o îmbrățișează.
-Vreau să las trecutul în urmă. Va trebui să plecăm din oraș, și chiar din țară dacă se poate.
-O să plecăm, dacă asta vrei, îi mângâie el părul.
-Dar te averizez, nu vreau să duc aceeași viață mediocră pe care am trăit-o în orașul ăsta!
-În ce sens?
-Promite-mi că îmi vei garanta același nivel de viață cu care eram obișnuită, dar vreau să călătorim, să ne distrăm, nu vreau să zac închisă între pereți, ocupându-mă numai de copil. Nu că nu l-aș iubi pe copilul nostru, dar... înțelegi tu ce vreau să spun, iubițel, îi spune ea și se lipește de el.
Ligiu oftează, o așează în fotoliu, iar el se așează pe scaunul din spatele biroului.
-Ascultă-mă, Roxana. În momentul ăsta nu mă scald în bani, încearcă să înțelegi.
-Vezi? Așa nu pot să fac proiecte cu tine, și mai ales știind că voi fi cu un copil.
-De ce iei lucrurile așa, Roxana? Sunt nebun după tine! Mi-ai dat ce-mi doream cel mai mult. Îți cer doar puțin timp ca să mă gândesc. Așa, dintr-o dată nu pot să diger lucrurile.
Ea zâmbește satisfăcută că a ajuns acolo unde dorea.
-Mă înșel sau te cheamă Ligiu Vancea? Trebuie să-ți fie mai ușor cu siguranță, decât altora, ca să faci rost de bani, îi spune ea și se așează lângă el pe speteaza scaunului. Poate-l rogi pe tatăl tău. Sunt sigură că, pentru el, nu va fi o problemă.
-Bine, vom găsi o cale. Apoi, plecăm, da?
-Da, răspunde ea încântată că totul merge ca pe roate și se lipește tot mai tare de el. Eu, tu și copilul. Toți trei împreună. Vom duce o viață nouă, fericiți, continuă ea și îl sărută.
-Împreună, în sfârșit, cu copilul meu, murmură Ligiu.

-Bine, îl sărută ea din nou.
-E adevărat că vom pleca eu tu și copilul? vrea să se asigure Ligiu.
-Dar bine dragă, până acum despre ce am vorbit? Mă faci să cred că ești... Gata, știi că sunt sensibilă... Așa sunt femeile însărcinate, dar mă rog, tu nu ai de unde să știi... Pa!

* * *

Directorul Vancea o cheamă pe directoarea economică.
-Doamna director, trebuie să luăm taurul de coarne, îi spune el hotărât. Nu-i mai putem lăsa să aștepte pe furnizori, nu? Luați loc, vă rog.
-Mulțumesc, aveți dreptate domnule director. Săptămâna trecută am fost copleșită de telefoane, de faxuri. Unii dintre ei m-au sunat în fiecare zi.
-Nu-i condamn, crede-mă. Situația devine insuportabilă. Să lăsăm textilele deoparte. Refuz să cred că de vină e raionul de șampoane și balsamuri.
-Așa spun rezultatele. Ceea ce mă miră e că laboratorul lor e vechi... Dacă îmi amintesc bine nu aveau cine știe ce aparate... Știu eu, pentru că acolo lucra fratele soțului meu și...
-Îți spun eu ce fac. Folosesc prețurei mici, sub nivelul pieței și înving orice concurență. Mă întreb ce o să facem dacă nu ne revenim?!
-Oricum, asta-i lista plăților scadente.
-Mulțumesc.
-Adevărata problemă e când va veni data scadenței pentru noile mașini.
-Cele pe care fostul director le-a vrut cu orice preț: „Vancea, crede-mă, sunt necesare pentru bugetul fabricii".
-Semănați perfect cu el, când îl imitați, ați putea face măcar...
-Cel puțin, aș avea succes. N-o spune nici măcar în glumă.

Ştii că nici nu vreau să mai aud despre acest derbedeu... Norocul nostru că săptămâna asta luăm împrumutul de la bancă şi o să putem respira puţin.

-Să sperăm.

* * *

Sfârşitul de an este un excelent catalizator pentru real, trăirile se intensifică, simţurile se ascund, avem o percepţie selectivă şi uşor hiperbolizată a concretului şi suntem tentaţi să facem bilanţuri, construind noi iluzii şi planuri de viitor. Revenind cu picioarele pe pământ, la prozaicele socoteli din această perioadă, am putea să ne simţim oarecum intimidaţi dar, în nici un caz, nu dăm înapoi. Luna decembrie este perioada în care, în mod tradiţional, lumea devine mai bună şi mai sensibilă, încurajată fie de albul fulgilor de nea, fie de mesajele publicitare, revărsate, cu generozitate, pe absolut toate mediile de comunicare. Iarna are însă un farmec aparte. Ne face să ne gândim mai des la cei apropiaţi, parcă ne oprim pentru o secundă din goana nebună de peste an, pentru a analiza ce am făcut şi ce nu şi pentru a ne stabili sarcini pentru un nou început. Gândul unei existenţe ciclice este benefic, mai ales că mulţi sunt cei care ajung la final de an cu gândul că cele rele se vor sfârşi, urmând să înceapă cele din cale-afară de bune.

-Mamă!

-Uite-o! Te aşteptam, draga mea.

-Cum de sunt numai patru tacâmuri pe masă? Ce facem de Revelion? Dacă nu organizaţi nimic...

-O dată nu e cine ştie ce, Monica, răspunde mama.

-Da, dar în fiecare an la noi aţi avut masă mare cu prietenii. Eu trebuie să rezolv ceva în oraş şi mă întorc la masă. Vin repede.

-O să fim acum doar cu fetele noastre. Iartă-mă! Nu vor fi lumini ca la concertul lui Sinatra, dar uite am adus o lumânare, îi spune tata şi o aşează în suportul de pe masă. Să nu stai mult în oraş.

-Eliza, te+ai trezit. Ce faci, scumpo? Uite, am cumpărat struguri. Ştiu de superstiţia aceea a spaniolilor care zice că trebuie să mănânci douăsprezece boabe de struguri înainte de ora zero şi la fiecare să-ţi pui câte o dorinţă sau cam aşa ceva, nu stiu sigur cum se procedează. Tot despre dorinţă, am aflat că în noaptea de 31 decembrie spre 1 ianuarie, datorită energiei spirituale creată de milioane de oameni care îşi unesc forţele în acelaşi timp, dorinţele noastre au şanse mai mari să se îndeplinească. Nu ştiu ce să cred din toate astea, dar ce bine ar fi ca dorinţa mea de a scăpa de necazul care ne apasă să se îndeplinească.

-Ai dreptate, mamă dragă, numai că nu prea am chef să sărbătoresc.

-Eliza, cel puţin de data asta, să încercăm să fim mai veseli. O să vină şi Monica.

-Mai sunt multe de făcut. Ce zici, mă ajuţi? Te numesc bucătar şef în bucătăria noastră, îi spune tata zâmbind şi prinzând-o pe după umeri o duce în bucătărie.

* * *

În atelierul ei, Monica nu găseşte o carte de vizită. În sfârşit o vede în sertar şi formează numărul de telefon.

-Edy, sunt Monica.

-Bună, Monica! Ce faci?

-Mulţumesc, bine! Te-am sunat să-ţi urez sănătate şi tot ce doreşti în Noul An!

-Mulţumesc, la fel şi ţie. Tot aşa frumoasă ai rămas? Cred că ai program pentru diseară, nu?

-Da, de ce?

-Dau o petrecere cu toţi prietenii şi aş vrea să vii şi tu neapărat.

-Am organizat ceva cu familia...

—Nu-mi spune că vrei să petreci Revelionul cu părinţii?! Vino la noi, insistă Edy.
—Nu pot să-ţi promit nimic. Oricum, te sun.
—Cum vrei. Va veni multă lume şi ne vom distra pe cinste. Ar putea fi o bună ocazie ca să vorbim despre o viitoare colaborare. Ce zici?
—Sigur... Nu ştiu dacă o să pot, Edy, dar îţi mulţumesc mult. Eşti drăguţ.
—Încearcă, poate dai o fugă. Să ştii că te aştept.
—Bine, mulţumesc.
—Pa, frumoaso!
Monica închide telefonul şi zâmbeşte. Îi surâde ideea de a petrece Revelionul împreună cu Edy, iar propunerea lui privind o colaborare, de asemenea.

* * *

Marc se pregăteşte să plece, să o vadă pe fetiţa lui. Stă şi se gândeşte dacă ar trebui să o ia cu el şi pe Corina sau nu.
În fine hotărârea e luată.
—De ce nu vii şi tu Corina cu mine s-o vedem pe Sara? Nu stăm mult, ne întoarcem şi ne pregătim să plecăm la restaurant.
—Nu, nu vreau să mă amestec.
—Nu eşti o străină. Faci parte din viaţa mea, la fel ca şi Sara.
—Da, dar sunt două lucruri diferite. Am impresia că, ultima dată când v-aţi văzut, v-aţi înţeles foarte bine. Hai, vino te rog cu mine! insistă Marc.
—E adevărat, e tare dulce micuţa.
—Şi tu la fel! se apropie el de ea şi o îmbrăţişează.
—Bine, dacă insişti vin.
—Ne vedem în parc. Aşteaptă-mă acolo.
—Bine, Marc.
Marc o ia pe Sara de la bunicii ei şi duce fetiţa în parc unde

o lasă împreună cu Corina. El traversează până la cofetăria din apropiere să cumpere o ciocolată și să spele suzeta, pe care Sara o scăpase jos din mână.

În drum spre casa părinților ei, Dana traversează parcul și o vede lângă căruciorul Sarei pe Corina care o ține pe fetiță în brațe.

-Bună ziua.

-Bună.

-Fetița e fiica mea se repezește ea și o ia din brațele Corinei. Nu înțeleg cum de și-a permis Marc să o lase cu tine. Unde e?

-S-a dus să spele suzeta, i-a căzut jos.

-Nu înțeleg cum își permite să lase fata cu o necunoscută!

-Eu sunt Corina.

-Știu bine cine ești! Nu sunt proastă.

-Dana, ce faci?

-Am venit să-mi iau fiica.

-Nu era nevoie, veneam eu la tine.

-Ba era nevoie și încă cum! Văd că ți-ai terminat perioada de singurătate.

-Dana, nu e ce crezi!

-Termină!

-Este evident că ea s-a întors și tu te-ai liniștit. Să fii fericit!

-Nu complica lucrurile.

-Data viitoare când vrei să o mai vezi pe Sara, nu ți-o mai dau dacă ești însoțit. Sper că m-am făcut înțeleasă.

-Sigur.

-Să mergem, scumpo!

* * *

După ce se mai plimbă puțin cu fetița prin parc, Dana se îndreaptă spre casa părinților ei. Bunica le vede și iese repede în curte.

—Vrei la bunica? Vino, iubita mea. O să vină îndată și bunicul și unchiul Ligiu și o să ne aducă panglicile colorate care-ți plac atât de mult. Ce e cu tine, ce ai, Dana? Precis l-ai văzut pe Marc?

—Nu doar pe el.

—Cum adică?

—Am trecut întâmplător prin parc și Sara era în brațe la Corina.

—Acea Corina?

—M-am enervat la culme.

—Îmi imaginez.

—Fiica mea în brațele femeiii ăleia! Credeam că e singur, aveam încedere în el. Credeam că ea a plecat și că el, mai devreme sau mai târziu, se va întoarce.

—Trebuia să te aștepți că se va întoarce la ea după tot ce a fost între ei...

—Sufăr ca un cîine și tu îmi spui că era previzibil. De partea cui ești, mamă?

—Scuză-mă, încercam să înțeleg...

—Mi-a făcut rău să-i văd împreună pe toți trei! Mi s-a ridicat sângele în cap, mamă!

—Te cred.

—El, pe Sara n-o mai vede!

—Știi că nu poți face așa ceva.

—Nu! Să nu mai îndrăznească să se apropie de fetiță!

—Dana, te rog gândește-te...

—N-am la ce. Trebuie să-mi promiți, să juri că data viitoare când vrea să o vadă pe Sara n-o să-i dai voie să o ia de acasă.

—Nu...

—Jură!

—Bine. Cum vrei.

—Sufăr prea mult, oftează Dana.

—Eram sigură că așa va fi. Să lăsăm asta acum și ajută-mă să pregătim masa pentru Revelion. Eu am preparat mâncărurile

noastre tradiționale, rămâne numai să așezăm platorile pe masă.
-Bine. Eu și Sara venim să te ajutăm. Așa e păpușica mea? O ajutăm pe bunica?
-Pe ea o lăsăm să se plimbe pe lângă noi.
Cele câteva ore au trecut în zbor și s-au adunat cu toții în jurul mesei încărcată cu fel de fel de bunătăți.
-Ligiu, îmi dai te rog, sarea. Ai folosit-o și ai lăsat-o lângă tine. Ce egoist ești.
-Scuză-mă, îi spune el și îi întinde sarea.
-Nu pune așa mult. Îți face rău, o atenționează mama.
-Micuța doarme, Dana?
-Da.Tată, vorbeai despre problemele de la fabrică.
-Așa este. Vorbeam cu Ligiu. Am pierdut clienți foarte importanți și încasările sunt dezastruoase.
-Care-i motivul?
-Fabrica aceea rivală, concurența, care tocmai s-a redeschis și are niște prețuri de nimic. Mi-a luat o grămadă de comenzi.
-Noroc că ai reușit să obții împrumutul de la bancă, intervine Ligiu.
-Da, dar am avut nevoie de el ca să plătesc datoriile cele mai mari.
-Eu cred că ar trebui să faci unele schimbări, să devii mai competitiv.
-Dacă ar fi atât de ușor! În condițiile astea...
-Ai putea începe prin reducerea costurilor de producție.
-Cum s-o faci fără să știrbești calitatea produselor?
-Dacă ai începe de exemplu să ridici cheltuielile ai fi din nou pe val, continuă Ligiu cu sfaturile.
-Așa pare foarte simplu... Însă vezi tu fiule, eu am încercat să-mi fac întotdeauna treaba.
-Fă cum vrei, tată. În fond, fabrica e a ta.
-Vreți să terminați? E Revelionul și trebuie să sărbătorim, îi

întrerupe mama.
-Are dreptate, mama.
-Aveți dreptate. Scuzați-mă, le spune tata și ridică paharul.
-Pentru ce toastăm? vrea să știe Dana.
-În cinstea familiei Vancea! Pentru anul care vine și surprizele ce ni le rezervă! Să ne aducă puțină veselie! Să ne ocolească necazurile!
-Nici nu știi ce norocoși suntem că avem un tată ca tine, îl sărută Dana pe obraz. La mulți ani!
În afară de a schița un zâmbet, Ligiu nu scoate niciun cuvânt.
-La mulți ani și ție mamă! Îți doresc din suflet, îi spune Dana și o sărută și ea și Sara care s-a trezit și a fost adusă de mătușa Aurora la masă, unde cei din familie au primit-o bucuroși.
-La mulți ani micuțo! Dana, de ce nu-l suni pe Marc?
-Nu, tată...
-Spune-i „La mulți ani!
-Nu pot.
-Te înțeleg, dar gândește-te că e singur într-un astfel de moment.
-Nu e deloc singur!
-Cum adică?
-S-a împăcat cu Corina, iar acum, cred că se distrează undeva. Nu ți-a spus mama ce s-a întâmplat azi dimineață în parc, unde era cu mândra lui... Dar nu mai contează...
-Nu-mi vine să cred
-Ce nesimțit! nu se poate abține Ligiu. Cum a putut să facă una ca asta?
-Îmi pare rău! Tu nu meritai asta, o prinde tata de mână pe Dana și o sărută pe frunte.

* * *

Masa încărcată cu bunătăți îi aștepta. Gustări asortate,

piftie, jumări, friptuă, peşte. Nu lipsea nimic. Sebastian Dima era mândru pentru că cea mai mare parte din ceea ce se găsea pe masă era preparat de el. După ce a făcut un duş, a îmbrăcat costumul negru cu cămaşă albă şi cravată şi a intrat nerăbdător în sufragerie.

-Eu sunt gata. Unde este Eliza?

-Se îmbracă, îi răspunde Felicia, îmbrăcată şi ea cu o rochie neagră de catifea. Uite-o că vine!

-Fata noastră e splendidă! zâmbeşte tata şi o sărută pe obraz.

-Scumpo, eşti o minunăţie! o îmbrăţişează mama.

-Mulţumesc.

-Să bem în cinstea frumuseţii tale, în timp ce o aşteptăm pe surioara ta, le întinde el paharele.

Uşa se deschide şi Monica, veselă şi îmbujorată intră în casă.

-Uite-o! Vorbim despre lup şi...

-Dacă începeţi de acum, la miezul nopţii o să fiţi deja beţi. Bună seara familie!

-Nu ne strica dragă cheful! Să toastăm, şi apoi să ne aşezăm la masă. Tatăl tău a pregătit o masă grozavă!

-Vreau să vă spun că nu pot să rămân cu voi.

-De ce? rostesc toţi trei deodată.

-Edy, cel cu care trebuia să mă întâlnesc săptămâna viitoare m-a invitat la petrecere.

-Şi tu ai acceptat?!

-Da, tată. Poate că este o ocazie ca să ne cunoaştem mai bine. Tot munca ne uneşte.

-Înţeleg, dar după cât a suferit sora ta, cel puţin acum ai fi putut să stai aici cu noi.

-Nu, mamă. Monica are dreptate. E normal să profiţi de toate ocaziile ca să-ţi faci relaţii. Du-te, nu-ţi face griji.

-Eliza, ce spui?!

-Suntem noi trei! Nu suntem de ajuns?

-Mulțumesc, surioară. La mulți ani! ridică Monica paharul și închină cu toții. Mamă, nu te supăra! Să fii bucuroasă, Eliza, în noaptea aceasta! E un mister ceea ce s-a petrecut în noaptea aceea. Vei vedea că totul va fi bine. Un an nou fericit, vă doresc din inimă! le spune ea și pleacă.

-Unde rămăseserăm? Ce-i cu mutrele astea? îi întreabă Eliza pe părinții ei supărați că nu au reușit să o convingă pe Monica să rămână la masă. E Revelionul, să încercăm să ne simțim bine!

-Da... e de acord mama.

Se așează toți trei la masă și încep să mănânce.

-După fețele pe care le aveți se pare că nu am gătit bine, nu?

-Nu, a fost delicios, tată!

-Bine. Atunci mă bucur. Dar cine o fi la ora asta? Mă duc să deschid ușa.

Comisarul Albu intră și îi salută bucuros.

-Bună seara, dragii mei! Se poate?

-Intră, Emil! Credeam că munca ta nu te lasă liber în noaptea asta.

-Am venit să vă spun la mulți ani! Cred că nu vă deranjez.

-Nu ne deranjezi niciodată.

-Ce ai în cutia aia? îl întreabă Eliza curioasă.

-Îți spun mai târziu.

-Mă faci să mor de curiozitate.

-E o surpriză. Îți spun mai târziu. O pun aici.

-M-ai făcut și pe mine curioasă, intervine Felicia.

-Curiozitatea e specifică femeilor. Dă-te mai la stânga să stea el lângă mine, îi spune Sebastian fiicei sale. Hai, ia loc!

-Nu vreau decât un pahar cu apă, am fost la rotiseria de lângă comisariat și am mâncat un pui...

-Ești de serviciu și în noaptea asta? îl întreabă Felicia.

-Da. Toți au familie și m-am gândit să stau eu în locul lor. M-a sunat fiul meu... E bine și el și soția lui.

-Să fie sănătoşi! Mănâncă măcar o felie de cozonac. Ştii tu ce bun îl face Felicia!

-Cu multă plăcere! M-a invitat subalternul meu acasă la mătuşa lui. Făceau un fel de petrecere, dar eu m-am gândit să vin aşa fără să anunţ pe capul familiei Dima.

-Bine ai făcut, îl bate pe umăr Sebastian. Îmi pare rău că n-am cu cine să beau şi eu un pahar cu vin.

-Dar cine ţi-a spus că n-am voie să beau un pahar cu vin? Doar nu sunt la volan. Am şofer amice, ai uitat? Şi, poate că am noroc să nu am nicio problemă, deşi m-aş mira...

-Dacă nu ne spui ce e în cutia aia te expediem la comisariat, îi spune Eliza.

-Nu. Eu sunt un reprezentant al forţelor de ordine şi nu cedez şantajelor. Mănânc cozonacul! La mulţi ani! ridică el paharul şi ciocnesc cu toţii.

-La mulţi ani!

-Uitaţi-vă! deschide comisarul uşa de la terasă. Ce frumos! Focurile de artificii sunt pasiunea mea. Acum, a sosit momentul să vă arăt surpriza. Ajută-mă, îi cere el Elizei.

-Uită-te acolo, iubito, îi arată mama artificiile de deasupra terasei.

-Minunat! Haideţi să vedem ce e înăuntru.

-Artificii! Uitaţi-vă câte am adus.

-Ce frumoase vor fi! rostesc în acelaşi timp şi se bucură Eliza şi mama.

-Trebuie să le aprindem...

-Da! se oferă Sebastian să-l ajute.

-Ca atunci când eram mică, nu-i aşa, mamă?

-Brichetă! solicită comisarul.

-Poftim, aprinde Sebastian bricheta de la care toţi îşi aprind artificiile.

-A mea s-a aprins! se bucură Eliza.

-A mea nu. Uite ce frumoasă e a Elizei, se chinuie Felicia şi în sfârşit reuşeşte şi ea să aprindă cele două artificii pe care le avea în mână.

-Mai avem în cutie şi o şampanie, le spune comisarul şi deschide repede sticla al cărui dop sare şi îi stropeşte pe toţi. Îmi face plăcere să te văd râzând, îi spune el Elizei. Ca să te văd râzând aş face asta în fiecare zi.

-Aduc eu paharele, se oferă Sebastian.

* * *

Noaptea trecerii dintre ani îi prinde pe Corina şi pe Marc la restaurantul în care au cântat.

-A fost frumos să încep anul împreună cu tine pe scenă, îi spune Marc şi o sărută. Acest Revelion nu o să-l uit niciodată, Corina. Simt că plutesc. Ştii că te iubesc şi sunt fericit?

-Şi eu la fel. Nu-mi vine să cred că e adevărat. Mi se pare că e doar un vis.

-Nu e un vis. E realitate. În cinstea viitorului nostru şi a dragostei noastre, ridică el paharul cu şampanie şi ciocnesc amândoi. Ce ai?

-Nimic. Mă gândesc dacă nu cumva într-o zi vei regreta că ai renunţat să mai lucrezi în cadrul poliţiei.

-Nu te mai gandi la asta, Corina! Ceva îmi spune că nu acesta era răspunsul la întrebarea mea.

-Da, am ocolit întrebarea. Eu te iubesc, Marc, dar nu vreau ca fericirea mea să distrugă viaţa altei persoane. De aceea sunt aşa de...

-Te referi la Dana, nu-i aşa?

-Întâlnirea de ieri din parc m-a făcut să mă simt prost. Ar fi fost mai bine să nu mergem împreună acolo cu fetiţa.

-Nu am făcut nimic rău.

-Ştiu, dar ar trebui să-i dai timp să se obişnuiască cu situaţia.

-Țin foarte mult la Dana și la fetiță. Îmi pare rău pentru ce i se întâmplă, dar sunt fericit și nu mă simt vinovat cu nimic. Avem dreptul să fim împreună, să ne iubim. Înțelegi, nu? îi spune Marc și o sărută. La mulți ani, iubita mea!

* * *

Ligiu formează numărul de telefon al Roxanei și îi urează ca anul care abia a început să-i împlinească toate dorințele.
-Și eu îți doresc din tot sufletul un An Nou fericit, iubitule!
-Ești sigură că nu putem să ne vedem diseară?
-Te rog, Ligiu! Nu insista! Ți-am spus că nu pot.
-Bine. Vom încerca să ne vedem mîine. Am o veste bună să-ți dau.
-Dacă te referi la ce cred eu, de-abia aștept. Te salut! Soțul meu vine spre camera mea. La revedere!
-La revedere, iubito!
Dintre ai casei doar tata s-a trezit mai de dimineața. Lucrul acesta îl determină pe Ligiu să vorbească despre ceea ce îl interesează acum cel mai mult.
-Bună, Ligiu! Ai dormit bine?
-Excelent! Tu?
-Și eu la fel. De mult nu m-am mai odihnit așa bine.
-Mă bucur. În ultima vreme erai cam agitat, tată.
-Era de înțeles, cu tot ce se întâmplă.
-Apropo de ce se întâmplă, tocmai despre asta voiam să-ți vorbesc. Contează pe mine. Dacă ai nevoie de ceva, sunt de partea ta.
-Mă surprinde ce îmi spui. Îmi face plăcere asta, Ligiu, dar cred că răul a trecut. Cu împrumutul pe care l-am făcut la bancă, cu banii ăia sunt sigur că vom putea salva fabrica.
-Nu mă îndoiesc de asta, dar știi cum sunt băncile. În felul ăsta...

-Ai altă idee?
-Da, deşi nu cred că vei fi de acord.
-Să vorbim. Nu costă nimic, îi face semn tata să ocupe loc. În cel mai rău caz vom pierde puţin timp. Te ascult.
-Te ocupi de mulţi ani de această fabrică, mi se pare că eşti cam obosit.
-Da, ştiu, dar nu vreau să vând fabrica. Nu pot. E viaţa mea.
-Ce spui tată? Lumea se schimbă, lucrurile se schimbă... Cu banii ăia ai putea să trăieşti toată viaţa din dobândă.
-M-am gândit la asta. Acesta a fost visul vieţii mele. Sincer, acum nu mai doresc asta.
-Crede-mă! E cea mai bună soluţie pentru toţi, chiar şi pentru noi, copiii tăi.
-Cum adică?
-Am avut ocazia să mă gândesc la viaţa mea. Mai ales, la ce vreau de la viaţă.
-Îmi imaginez. Ce legătură are asta cu fabrica?
-Lasă-mă să termin. Îţi spun acum. Vreau să las deoparte trecutul, să încep o viaţă nouă şi pentru asta trebuie să plec undeva departe.
-Să pleci? Unde?
-Nu ştiu, tată. Undeva departe. Habar n-am. Important e să plec. Sigur, dacă aş pleca cu o parte din moştenirea mea, aş fi mai liniştit...
-Crezi că e de ajuns să fugi ca să uiţi tot? Nu vei înceta niciodată să mă uimeşti, Ligiu. Îţi repet, nu am de gând să vând fabrica.
-De ce nu vrei să mă asculţi măcar o dată în viaţă?
-Ce ai, Ligiu?
-Scuză-mă! În ultima vreme, sunt cam disperat. Am motive serioase să-ţi cer asta.
-Ar fi cazul să-mi spui ce motive serioase ai, nu-i aşa? De ce

trebuie să vând acum fabrica și să-ți dau partea ta din moștenire? Sincer, nu te înțeleg dragul meu fiu. Îmi explici?

-E corect să știi. În fond, ai dreptate și tu. Visul vieții mele, pentru care am luptat mult timp e pe cale să devină realitate.

-Adică?

-Un copil, tată! Numai al meu!

-Înțeleg. Îmi imaginez că mama lui nu e Eliza.

-Îți imaginezi bine.

-Bravo, Ligiu! Cum ai putut să faci una ca asta? Ai înșelat-o pe Eliza când ea se simțea cel mai rău.

-Te rog, tată! Nu mai e un secret pentru nimeni că viața mea alături de Eliza a fost o lună de fericire și un an și ceva de calvar.

-Iar tu, în loc să încerci să-ți rezolvi problemele te-ai gândit să-ți găsești o altă femeie. Și asta tocmai acum. Bravo!

-Bineînțeles! Nu e o altă femeie. E femeia pe care o iubesc și pe care o respect și care este mama copilului meu, tată. Și cu care vreau să fiu pentru tot restul vieții. Ai înțeles?

-Nu, dar poți să-mi explici ce legătură are asta cu fabrica?

-Noi suntem sortiți unul altuia. Aș vrea să încep o nouă viață, să las deoparte trecutul și pentru a face asta, trebuie să trăiesc undeva departe de orașul unde m-am născut, și unde am crescut și unde am trecut prin atâtea...

-Iar eu trebuie să-mi vând fabrica și asta doar ca să-ți fac ție ultimul moft? Nu te vei schimba niciodată, Ligiu.

-Nu e un moft, tată! E mama copilului meu!

-Am înțeles că ai înșelat-o pe Eliza exact când avea mai mare nevoie de tine, iar acum o părăsești pentru a fugi în străinătate cu nu știu cine... Cine-i femeia asta, Ligiu? Și de ce mă rog nu puteți locui aici în oraș?

-Nu putem locui în acest oraș fiindcă această femeie e căsătorită. Chiar dacă mariajul ei nu merge bine... E o femeie bogată, inteligentă... Îți cer să mă ajuți fiindcă mă amenință că renunță la copil, dacă nu-i pot oferi același nivel de trai pe care-l are acum.

-Poftim? Am înțeles bine?

-Am luptat o viață întreagă să am un copil. Nu pot renunța acum la el fiindcă nu pot să o întrețin. Te rog, tată!

-Nu-ți datorez nimic. Ți-am oferit mai multe decât aș fi vrut. Ai înțeles? Acum poți să faci ce alegere vrei, dar vei plăti pentru asta, se ridică el și iese din bibliotecă.

Dana se oprește în prag, nedumerită de reacția tatălui său.

-Ai înțeles ce a vrut să spună fratele tău?

-Nu, abia am ajuns. Scuză-mă! Fă-mă să înțeleg!

-Mi-a cerut să vând fabrica.

-Ți-a cerut să vinzi fabrica? Cum și-a permis...

-Exact. Vrea partea lui de moștenire. Trebuia să aștepte măcar să mor.

-Nu mai vorbi așa! Nu înțeleg cum de i-a venit ideea asta. Ți-a explicat de ce are nevoie de banii?

-E bine să știi și tu. Fratele tău are o amantă.

-Știam asta, dar e o poveste încheiată.

-Cum încheiată? Femeia aia așteaptă un copil. Este însărcinată, mi-a spus acum, Ligiu.

-Un copil?! se minunează Dana.

-Da. De asta vrea moștenirea. Vrea banii ca să plece în străinătate cu noua lui familie.

-E nebun! Ca de obicei e inconștient și nu se gândește la ceilalți.

-Fiecare are firea lui, iar Ligiu e așa cum e. Eu sunt de vină. Eu i-am oferit mereu totul pe tavă.

-Nu e vina ta. El e un cinic, tată. Tu ai fost un tată minunat.

-Mă gândesc la Eliza. Când va afla asta va fi o lovitură cumplită pentru ea.

-Și eu, intră în discuție mama. M-am săturat să-și bată joc de

mine, Ligiu. Îmi spune o minciună după alta.
 -Nu numai ție, ci tuturor. De asta fiul tău nu mai scapă așa ușor. Jur că o să-i spun câteva să mă țină minte toată viața.

* * *

Era deja ora zece când se întoarce și Monica acasă.
 -Bună! Nu e târziu să vă urez la mulți ani?! se apropie ea și își sărută părinții și sora. Astea sunt pentru tine, îi întinde ea mamei buchetul de flori. Hai să ne împăcăm.
 -Nu-și au rostul aceste amabilități. Eu și tatăl tău suntem foarte supărați. Îmi pare rău!
 -Și mie mi-ar fi plăcut să petrec Revelionul cu voi, dar afacerile sunt afaceri și nu puteam să... E viitorul meu în joc, mamă, poți să mă înțelegi?
 -Puteai să nu ne lași baltă ca să te duci la o petrecere cu niște necunoscuți... .
 -Care necunoscuți? Era petrecerea lui Edy Pantea, omul de afaceri cu care am vorbit. A fost bine că m-am dus la petrecere fiindcă mi-a cerut să-i fac o serie de schițe pentru niște haine de blană. Vom colabora și ies bani fumoși din...
 -Banii, doar asta te interesează? Mă bucur pentru tine, puteai să te întâlnești cu el altă dată, îi răspunde mama în timp ce aranjează florile în vază.
 -Da, dar am scurtat din timp... Astfel, joi în loc să mă întâlnesc cu el pot deja să-i duc schițele. Știi cum funcționează chestiile astea. Trebuie să fii rapid. Dacă tărăgănezi, amâni... nu iese nimic. Încearcă să înțelegi mamă.
 -Ce să înțeleg? Înțeleg doar că munca ta e mai presus decât familia. Așa este?
 -Nu fii nedreaptă, mamă!
 -Singura nedreptate e că sora ta e pe cale să fie închisă fără să fie vinovată. Și-acum are nevoie de sprijinul nostru.

-Ce legătură are cu Eliza? Ea m-a încurajat să mă duc la petrecere.

-Ce-ai fi vrut să facă? Eliza e sensibilă, generoasă. Exact contrariul tău, draga mea.

-Îmi pare rău, dar nu vei reuşi să mă faci să mă simt vinovată, fiindcă am conştiinţa împăcată.

-Adevărul e că vezi totul din punctul tău de vedere, care e destul de egoist, îi spune mama şi îşi vede de lucru prin bucătărie.

Fără să mai rostească vreun cuvânt, Monica se închide în camera ei şi se aşează în pat. Felicia pune pe o farfurioară o felie de prăjitură şi intră în camera Elizei.

-Uite, ce ţi-am adus, îi întinde ea farfuria.

Eliza o ia şi o pune pe noptieră.

-Sora ta e supărată pe mine că i-am reproşat că nu a făcut Revelionul cu noi.

-Nu-i adevărat, mamă. Avea problemele ei.

-Bine. Hai să facem puţină ordine aici. Vrei să mă ajuţi, Eliza?

-Da, dar mai întîi, uite ce am găsit în sertarul ăsta plin de coli îngălbenite pe care sunt scrise tot felul de reţete.

-Ce e?

-Reţeta cremei de zahăr ars pe care îmi amintesc că ai preparat-o când ne-am căsătorit eu cu... Ce fericiţi eram, mamă! Credeam că iubirea noastră nu se va sfârşi niciodată, oftează ea.

-Te rog, nu plânge!

-Mamă, simt că mor când mă gândesc că nu o să mai fiu împreună cu Ligiu.

-Ştiu. E un moment greu, dar o să treacă. Eşti tânără. Vei avea multe ocazii să găseşti persoana potrivită.

-Nu vreau să găsesc pe nimeni. Ligiu era persoana potrivită. Din păcate, încă îl mai iubesc.

* * *

„M-am vândut ca o prostituată de doi bani, Coco! Numai din vina ta. Dar jur! N-o să mai permit nimănui să mă trateze aşa. O să mă răzbun, Coco."

Roxana oftează adânc, se ridică de pe bancă şi înaintează plângând pe alee. După ce înconjoară de mai multe ori parcul şi reuşeşte să se calmeze, într-un târziu ajunge acasă.

-Coco!

-Pari surprinsă. Ce e? Nu te aşteptai să mă întorc aşa de repede acasă?

- Nu. Sincer, nu credeam...

-Că nu va trebui să dai socoteală pentru toate minciunile şi înşelătoriile tale? Când am plecat acum două zile, erai tare grăbită. Te duceai să te întâneşti cu iubitul tău. Îţi era dor de Ligiu Vancea. Nu-i aşa?

-Taci!

-Atunci n-am avut timp să-ţi spun ceea ce meritai, dar o fac acum. Eşti pur şi simplu de dispreţuit! Nu ştiu cum am putut să fiu atâta timp cu tine, dar vreau să ştii că vraja a durat foarte puţin. Mi-am dat seama imediat că în spatele duioşiei, că în spatele acelui surâs şi a capriciilor inocente era un vid de fier, gata să pună stăpânire pe toţi cei din preajmă. Mi-am dat seama că nu aveai nici măcar un sentiment sincer. Nu eşti în stare să iubeşti pe nimeni. Nici măcar pe mama ta, nici măcar pe tatăl tău care a fost un sclav toată viaţa, un câine fidel, gata să facă orice ca să-ţi câştige dragostea. Normal, cum să mă iubeşti pe mine? Ai stat cu mine din interes, din egoism şi din mândrie. Dar nu din dragoste. Să nu crezi că ai reuşit să mă păcăleşti. Nu cu asta! Ştii că, la puţin timp după ce ne-am căsătorit eu voiam deja să divorţez de tine? Mi-am dat seama că mariajul nostru era un lung şir de petreceri, de întâlniri diferite. Nu aveam o parteneră, nu aveam un cămin, nu aveam nimic comun. Voiam un copil iar tu... M-ai minţit. N-ai fost niciodată însărcinată. Nu ai pierdut copilul aşa cum ai spus.

Cu ochii ieşiţi din orbite, pe Roxana o uimesc cuvintele doctorului... Nu-i vorbise niciodată aşa în cei doi ani de când erau împreună.
Îşi muşca buzele nervoasă, fără să scoată vreun cuvânt.
-Bine că nu ai plecat în vacanţa pe care o doreai atât de mult. Ce bine că am reuşit să mă întorc mai repede, să îţi spun totul, să nu crezi că am fost prostul pe care-l credeai.
-Termină!
-Mereu ai lăsat impresia că eşti un înger, dar nu eşti decât un diavol plin de răutate!
-Taci!
-O să te las în pace. Am venit pentru că n-am vrut să te scutesc de ruşinea de a mă asculta spunându-ţi lucrurile astea. Nu cred că ai fost pedepsită îndeajuns.
-Coco, crede-mă, nu te mint, sunt sigură, vom avea un copil al nostru! încearcă Roxana să se apropie de el.
-Un copil al nostru?! Minţi. Poate vrei să spui că e copilul tău şi al acelui fustangiu care îţi dă târcoale de câteva luni. Fii sinceră cel puţin acum la despărţire. Am fost prizonier mai bine de doi ani. Am fost victima milei pe care o simţeam pentru tine. Ştiam că mă simţeam responsabil că te vedeam bolnavă, cum să-mi fi imaginat că era încă o păcăleală, o minciună de-a ta? O minte sănătoasă nu poate concepe aşa ceva. O minte sănătoasă nu dă cu pietre în cel care o iubeşte cu adevărat.
Ea se sprijină de pianul care era în apropiere.
-Minciuna şi mai ales asta ne duce la despărţire Roxana. Aroganţa şi ura ta te-a distrus. Şi în instinctul tău de a distruge, te-ai distrus singură.
-Ajunge! Nu vreau să mai ascult! Lasă-mă-n pace! În situaţia în care sunt am nevoie de atenţie, de mângâiere nu de ceartă!
-Un singur lucru vreau să-ţi spun. O să fiu fericit. Şi dacă te răneşte cumva ascultă-mă bine: O să fim fericiţi. O iubesc pe Valeria, cea pe care am cunoscut-o nu de mult timp la Paris. Voi

pleca din țară și o să mă însor cu ea. Ei îi voi da dragostea pe care ție nu ți-am dat-o niciodată.

-Termină! Nu te mai pot asculta!

-Sper ca asta să fie ultima dată când noi mai stăm de vorbă.

-Nu mă poți lăsa fără bani. Am acte. Nu mi-i poți lua.

-Stai liniștită. O să-i primești. Întotdeauna îmi țin promisiunile. Vreau ca atunci când o să-i primești să-ți aduc aminte cât de mult te disprețuiesc. Era să uit ceva care doar pe tine te interesează, îi spune și se îndreaptă spre biroul lui.

Din sertarul de la birou, doctorul Marian scoate o cutie în care erau bijuteriile și o aruncă pe canapeaua din sufragerie.

-Chiar și acestea îți aparțin. Nu le-am cumpărat pentru mine, îi spune el și își borseta și iese pe ușă.

Cutia aruncată de doctor s-a deschis iar bijuteriile erau împrăștiate pe canapea.

„Dumnezeule, ce lucruri groaznice mi-a spus! Cum poate fi atât de dur cu mine?! Un om fără caracter, da, asta ești doctore!"

Nepăsătoare, Roxana își privește bijuteriile și le strânge repede să nu-i scape niciuna.

„Nu contează. Să mă insulte. Să mă disprețuiască. Nu mă interesează. Acum am bijuteriile mele, am și banii lui. Și nici n-am pățit nimic. De ce m-aș putea plânge? Voi fi bogată și voi trăi după bunul meu plac. Asta îmi doream să am și am reușit. Eu nu pot fi învinsă de niciun bărbat. De nimeni! Auzi, doctore?! De nimeni!"

* * *

A doua zi de dimineață, Roxana se îmbracă și se fardează ca și când nu s-ar fi întâmplat nimic între ea și soțul ei și coboară în bucătărie.

Ca de obicei, la ora aceea, doctorul citește ziarul și își bea cafeaua.

-Bună dimineața, Coco!
-Bună dimineața!
-Uite, m-am gândit bine, drăguțule. Vom divorța, îți acord divorțul. Dacă vrei mergem chiar azi la notar și facem cererea de comun acord.
-Da, mergem, îi răspunde sec, doctorul. Ești gata, putem pleca?
-Da, sigur că da.

Fară a mai sta pe gânduri, doctorul Marian se ridică de pe scaun și deschide ușa:

-După dumneavoastră, doamnă.

La fel de generos, doctorul deschide ușa mașinii și o ajută să urce. Închide ușa, apoi se așează la volan și pornește mașina.

Dacă soții sunt de acord cu divorțul și nu au copii minori, născuți din căsătorie sau adoptați, ofițerul de stare civilă ori notarul public de la locul căsătoriei sau al ultimei locuințe comune a soților poate constata desfacerea căsătoriei prin acordul soților, eliberându-le un certificat de divorț.

Atât la starea civilă, cât și la notar, procedura prevede un timp de așteptare de treizeci de zile și acordul liber consimțit al celor doi soți.

Dacă nu s-au răzgândit, la capătul termenului le este emis certificatul de divorț.

Nici ofițerul de stare civilă, nici notarul nu fac mențiuni cu privire la culpa soților atunci când eliberează certificatul de divorț.

În cazul în care vor respecta condițiile legii, soții Marian au fost programați ca peste treizeci de zile să se prezinte după certificatul de divorț.

* * *

Nici în cursul zilei, nici seara cei doi nu s-au văzut. Zilele au trecut una după alta, dar cei doi încă soți, au facut în așa fel ca să nu se întâlnească deloc.

Trecuseră două săptămâni și într-o dimineață, Roxana recurge la aceeași tactică aplicată în ziua în care a mers împreună cu soțul ei la notar pentru divorț. A coborât veselă în bucătărie, acolo unde la ora aceea era sigură că doctorul citește ziarul și își bea cafeaua.

-Bună dimineața, Coco!

-Să fie! îi răspunde acesta și continuă să citească ziarul.

-Știi că azi plec pentru totdeauna. Mă voi stabili departe de aici.

-Da...

-Am vrut să te văd pentru ultima dată, să-mi iau adio de la tine.

-Mi-am imaginat că e vorba de asta. M-ai văzut. Acum plec. Succes, Roxana!

-Așteaptă! Asta nu e tot.

-Mai e ceva?

-Vreau să mă duci tu la aeroport.

-Eu? Ai înnebunit?

-Nu sunt nebună. Deși crezi contrariul, încă mai ai obligații față de mine. Vreau să fii cu mine până în ultimul moment. Vreau să-mi faci această ultimă plăcere.

-Cum poți crede că mai ai dreptul după tot ce ai făcut?

-Nu vreau să fie o obligație... Este o rugăminte a mea, Coco.

-Te-ai înșelat. De data asta rugămințile tale nu vor da rezultate. Dacă ai fi fost singură poate m-aș fi simțit obligat să o fac, dar sunt taxiuri în orice colț de stradă. Cheamă un taxi.

-Dar nu vreau. Vreau s-o faci tu.

-Îmi pare rău, dar ăsta e un capriciu pe care nu vreau să ți-l satisfac.

-Asta e condiția mea. Dacă nu o faci, nu plec. Trebuie s-o faci tu! Tu trebuie să mă duci! Dacă nu-mi faci pe plac nu plec de aici. Va trebui să renunț la călătorie.

-Până când ai să le comanzi celor din jur, Roxana?

-Ce te costă să-mi faci pe plac? Voi ieși din viața ta pentru totdeauna. Peste cincisprezece zile ai și certificatul de divorț. Nu te voi mai deranja niciodată. Nu vei mai auzi niciodată de mine.

-Mi se pare ridicol ce-mi ceri.

-Poate că o fac din orgoliu sau din egoism. Dar vreau să fii alături de mine în aceste ultime clipe.

-Ascultă!

-Te-am pierdut. Am pierdut totul. Fă-mi pe plac! E ultimul lucru pe care ți-l cer.

Foarte grăbită, Roxana îi arată în capătul de sus al scărilor valizele care o așteptau pregătite. Își ia doar poșeta și insistă:

-Nu mai putem aștepta, Coco. Este aproape ora șapte. Pierd cursa.

-Bine. Grăbește-te! Iau eu bagajele. Nu e nicio problemă. Am doi pacienți, îi reprogramez pentru dimineață și te duc la aeroport, îi spune el și se îndreaptă spre cabinet.

Doctorul Marian se întoarce după câteva minute. Urcă scările și coboară valizele pe care le aranjează în portbagaj. Totul este regătit de plecare și doctorul pornește mașina.

-Poate nu vom mai ajunge niciodată.

-Ce vrei să spui? se întoarce spre ea, doctorul.

-Am vrut să spun că poate nu vom ajunge la timp. Avem încă mult de mers și... Aeroportul e mult în afara orașului, pe autostradă.

Urcă și stai liniștită că vom ajunge. La ce oră ai zborul?

Fără să-i răspundă la întrebare, Roxana se așează comod pe scaunul din dreapta doctorului.

-Îți amintești când eram la început și ieșeam împreună? Erai foarte îndrăgostit. Mă adorai, Coco. Îmi făceai toate poftele.

—De ce vrei să vorbești despre amintiri? Sunt moarte.

—Tu voiai o femeie care să stea tot timpul acasă Coco, să facă copii și să-ți calce hainele. Trebuia să apreciezi frumusețea și rafinamentul meu.

—Roxana, te rog să încetezi.

—De ce nu mergi mai repede? Dacă nu mergi mai repede nu vom ajunge la timp.

Doctorul accelerează. De o parte și de alta mașinile treceau în viteză.

—Cred că ești foarte mulțumit. Până la urmă ai scăpat de mine. Cred că și ea, franțuzoaica ta e fericită. M-ați învins, domnule doctor.

—Te rog să taci!

—Astea sunt ultimele momente împreună, Coco. Ce e cu tine, dragule? Chiar nu mai vrei să-mi auzi nici vocea?! Ce curios... Noi doi, îndrăgostiți... Ultimele momente împreună. E un drum lung până la aeroport...

Roxana se repede și prinde de volan:

—Mai repede!

—Roxana!

—Trebuie să ajungem... Împreună până la sfârșit! Nu-mi place să pierd! Nu mi-a plăcut niciodată. Nu mi-a plăcut nici să cedez ce îmi aparține. Nu voi ceda niciodată! Când mie nu-mi place o rochie, prefer s-o rup. Același lucru se va întâmpla și cu tine. Nu te voi pierde! Dacă eu te pierd, nu vei fi nici al ei! urlă ea și trage puternic de volan.

Mașina trece de pe o parte pe alta a drumului, aproape că lovește altă mașină. Roxana trage puternic de volan fără ca doctorul Marian să reușească să redreseze mașina.

Un bătrân care împingea un cărucior pe marginea drumului scapă ca prin minune.

—Roxana! strigă doctorul și o bubuitură puternică... Mașina

se izbeşte de unul dintre stâlpii de beton de pe marginea şoselei...
Poliţia ajunge urgent la faţa locului. Bătrânul cu căruciorul tremură de frică.

-Ai păţit ceva?

-Nu, domnule poliţist. Maşina a scăpat de sub control. Avea viteză mare. Era să dea peste mine. Domnul încerca să stăpânească maşina, dar a intrat în stâlp. Doamne, Dumnezeule mare, îţi mulţumesc că m-ai lăsat să-mi trăiesc zilele care le mai am de dus pe pământul ăsta! se închina, bietul om, speriat.

-O să-i ducem la spital. În ce stare sunt? întreabă unul dintre poliţişti.

-Nu cred că mai trăieşte nici el. Ea e moartă.

Bătrânul s-a ales cu o spaimă de nedescris. Tremura şi se închina mereu cu ochii plini de lacrimi. Nu-i venea să creadă că mai trăieşte.

* * *

Salvarea ajunge la faţa locului şi îi duce pe cei doi la spitalul Municipal.

-Faceţi loc.

Una dintre vecinele familiei Dima, aflându-se la spitalul Municipal cu o rudă bolnavă ca să o interneze, văzându-l pe doctorul Marian pe targă, plin de sânge şi acoperit parţial cu cearceaful, a alergat repede acasă. Ştia că Eliza, fiica mai mare a soţilor Dima, a urmat un tratament cu doctorul Marian şi dorea să afle neapărat adresa acestuia.

-Bună dimineaţa! Iertaţi-mă că vă deranjez la ora asta, dar... Unde locuieşte domnul doctor Marian, doamna Dima? Vă rog să o întrebaţi pe doamna Eliza dacă nu ştiţi. Trebuie s-o caut pe soţia lui neapărat.

-Ce e? Ce s-a întâmplat?

-O nenorocire.

-Cum? Spune-mi ce s-a întâmplat?
-Nu vă pot spune nimic acum. Vă spun mai târziu. Săraca doamna doctor! Trebuie neapărat să merg la ea.
-Dar de ce doamnă? Ce s-a întâmplat?
-O nenorocire! Doamne, Dumnezeule! Soțul, adică domnul doctor Marian a fost adus pe o targă la Municipal și e grav rănit.

* * *

O asistentă o compătimește pe femeia moartă și o acoperă cu cearceaful:
-Scumpa de ea. Așa de tânără și atât de frumoasă!
Îl descoperă apoi pe celălalt rănit și observă că el respiră:
-Dumnezeule, trăiește! Doamne, omul ăsta poate muri dacă nu e îngrijit corect. Cheamă repede medicul de gardă, se adresează unei infirmiere.
Frecându-se la ochi apare și asistenta de la gardă.
-Iertați-mă am profitat de liniștea care era ca să mă odihnesc puțin.
-Nu-ți face griji, îi spune asistenta șefă, o să ai nevoie de asta. Avem un accident foarte grav.
-Am avut o gardă foarte grea, sefa.
-Ajută-mă să pregătesc patul, o roagă o colegă. A fost adus un rănit.
-Ce s-a întâmplat?
-Au avut un accident. O pereche care mergeau cu mașina spre aeroport. Ea a murit, iar el e foarte grav rănit. Am crezut că e mort, dar Dumnezeu l-a salvat.
-Scuzați-mă, o roagă unul dintre brancardieri pe asistentă, faceți loc să-l luăm pe rănit.
-Cu grijă! Ridicați-l! Țineți-i capul! Puneți-i o pernă! Capul trebuie să stea înclinat, le spune doctorul.
Fără să dea vreo importanță la ce se petrece în jur, asistenta

care împărțea medicamentele bolnavilor intră în salon.
-Pregătiți sala de operație, se aude vocea doctorului de gardă.
Doctorul îl vede pe rănit și îi spune asistentei:
-Mă întorc repede. Doamnă vă rog să aduceți tot ce ne trebuie. Grăbiți-vă.
-Da, domnul doctor, îi răspunde ea și îl observă pe rănit. Dar este domnul doctor Marian. Doamne, ce a putut să se întâmple?! E plin de sânge, nu v-ați dat seama că este el?
-Incredibil! Este Doctorul Marian. Îl cunoșteți și dumneavoastră?
-Am fost multă vreme la ei în casă. Deci femeia care a murit în accident este soția...
-Cred că era soția lui. Ea trebuie să fie.
-S-au căsătorit de vreo doi ani. O adora. Doamne, Dumnezeule, ce tragedie! Să o piardă așa...
-Nu trebuie lăsat singur.
-Nu vă faceți griji, o să pregătesc cele necesare. Mă voi ocupa personal de el, se oferă asistenta.
-Sigur te vei descurca?
-Mă ocup eu de el.
-Bine. Succes! Să sperăm că-l putem salva.
Asistenta se apropie de doctorul Marian și nu-i vine să creadă că este el.
Ușa se deschide și în salon intră doctorul de gardă.
-Care e starea lui?
-Pulsul e slab.
Doctorul îl examinează.
-E într-o stare gravă?
-Are o contuzie la cap. Trebuie să fie vreun cheag de sânge. Dacă nu intervenim, moare.
-Dar nu e o operație complicată, domnule doctor?
-Foarte riscantă. Dar dacă nu-și revine, nu vom avea altă

soluție.

—Când vreți să-l operați? întreabă asistenta.

—Când va spune specialistul. De ce te interesează așa de mult?

—Îl cunosc. Aproape doi ani am avut grijă de soția lui. Am fost destul de apropiați... Cu el și cu familia lui vreau să spun. Ia uitați-vă, își revine.

—Da... Pentru moment.

—Domnule doctor, mă auziți?

—Ce spune?

—O cheamă pe doamna Eliza Vancea, cred ca asta a spus. Ascultați si dumneavoastră...

—Da, acest nume îl rostește. Știi cum putem da de familia aceasta?

—Da, o știu. A fost pacienta domnului doctor. Stați puțin. Pot afla numărul de telefon.

—Telefonează-i doamnei să vină cât mai repede. Nu știm ce se poate întâmpla.

—Da, domnule doctor. Doctorul Marian rostește din nou numai numele acesta.

În timp ce doctorul îl consultă din nou, asistenta se îndreaptă spre vestiar pentru a lua cartea cu numerele de telefon. Zâmbește și nu-și pierde speranța, cea care de altfel știm cu toții că moare ultima.

Lucrase în cabinet alături de doctorul Marian aproape doi ani și îl plăcea, dar acesta niciodată...

Grăbită caută numărul de telefon al familiei Dima, pentru că pe părinții Elizei îi cunoștea foarte bine și era sigură că ei știu cum o poate găsi pe fiica lor. "Doamne, dar sunt câteva familii cu acest nume! Care dintre ele e numărul?" își spune ea și se grăbește spre cabinet ca să formeze pe rând fiecare număr din carte.

„Poate moare... Dar dacă trăiește, Roxana nu mai e în viața

lui. Acum este singur. Poate așa a fost să fie, mai știi, asta mi-e soarta. Cât l-am iubit și el nu mi-a dat nicio importanță!" își spune ea.

* * *

Adormise citind ziarul. Sunetul strident al telefonului însă, îl face pe Sebastian Dima să tresară.

-Alo! Vă ascult. Cine este?
-De la spitalul Municipal vă sun, domnule Dima.
-Da, domnișoară, ce dorești? Ce e? Ce s-a întâmplat?
-Domnule, ascultați-mă! Nu am prea mult timp să vă explic. Domnul doctor Marian a avut un accident.
-Doamne! Ce s-a întâmplat!
-Acum n-am timp să vă explic. Problema e că sunt aici cu el în spital și nu vreau să vă păcălesc... Mă tem pentru viața lui. Domnul professor doctor care îl va opera m-a trimis să vă sun pentru că tot timpul doctorul Marian rostește numele fiicei dumneavoastră, Eliza.
-Nu se poate! Atât de grav este? Dar ce are el cu Eliza noastră?
-Calmați-vă, vă rog! O strigă tot timpul pe doamna Eliza Vancea. Eu o cunosc de când venea la domnul doctor la tratament. Știți unde este acum?
-Am lăsat-o la avocata ei. Am fost acolo și...
-Domnule, nu am timp de pierdut. Luați-o pe doamna Eliza și aduceți-o aici! Cât mai repede posibil. Ați înțeles?
-Unde?
-La spitalul Municipal.
-Da, o aduc!

Sebastian Dima înnebunit, nu știe ce s-a putut întâmpla. „Trebuie să mă duc după Eliza". Iese în hol și îmbracă paltonul chiar dacă afară era deja de pardesiu. „O voi lua pe Eliza și mergem amândoi ca să ajungem urgent la spital" își spune și se

îndreaptă spre biroul avocatei Dana Deac.
Avocata când află despre ce este vorba nu o lasă singură pe Eliza şi merg împreună la spital.

* * *

De când a fost adus în salon doctorul Marian, asistenta Clara, nu s-a mişcat de lângă el.
-Mă auziţi domnul doctor?
-Da, dar... am o mare durere... de cap.
-Am telefonat, vine doamna Eliza.
-Nu mă simt bine... deloc... să vină mai repede...
Asistenta zâmbeşte satisfăcută că îl poate mângîia pe cel pe care îl iubeşte de atâta timp fără ca el să ştie.
-Ceea ce trebuie acum, e să staţi liniştit. Dacă vă aflaţi în această situaţie, nu vă mai chinuiţi, mă voi ocupa eu de dumneavoastră. Aveţi încredere în mine!
Asistenta îl acoperă grijulie cu pătura, şi îl priveşte zâmbind: „De azi înainte vei fi al meu, drăguţule. Ai ajuns în mâinile mele".
Doctorul Marian închide ochii, dar îi deschide după câteva minute.
-Eliza Vancea.
-Nu mai continuaţi aşa că veţi înnebuni. Staţi liniştit că vine.
În salon intră înspăimântată Eliza, însoţită de avocata Dana Deac şi se apropie de pat.
Doctorul Marian deschide ochii şi îi şopteşte:
-Eu l-am înjunghiat pe soţul tău... după care închide ochii şi începe să respire tot mai greu.
-Cum? Pe cine a înjunghiat, pe soţul tău, întreabă asistenta?
-Da, îi răspunde avocata Deac şi o susţine pe Eiza, care era gata să se prăbuşească, auzind ce spune doctorul.
-Repede, doctorul Marian trebuie dus în sala de operaţii, se agită asistenta. Ieşiţi repede din salon!

În timp ce doctorul este așezat pe targă și scos din salon, avocata Deac și Eliza așteaptă pe culoar asistenta.

Misterul a fost dezlegat.

-Eliza, din acest moment ești scoasă de sub urmărirea penală. Draga mea, am avut încredere în tine de la început.

-Nu pot decât să îți mulțumesc, Dana.

Grăbită, asistenta se îndreaptă spre salonul din care a fost ridicat doctorul Marian.

-Doamna asistentă, nu vă supărați că vă rețin un minut, dar va trebui să depuneți mărturie la proces. Doctorul Marian și-a recunoscut fapta, iar dumneavoastră erați de față.

-Da, doamnă, dacă este nevoie voi depune mărturie, îi răspunde asistenta și închide ușa salonului.

* * *

În sala de operații medicii sunt în jurul doctorului Marian.

-Și eu m-am gândit la fel, răspunde doctorul de gardă, dar așteptăm părerea dumneavoastră, domnule profesor.

-Operația este singura soluție. Profesorul Almășan se apropie de pacient și îi pune mâna pe cap.

-Cine l-a consultat prima oară, doctore Panait?

-Chiar eu, domnule profesor. Am observat o puternică contuzie la parietalul stâng și lovituri în zona frontală, după cum vedeți. În plus, hematoame pe tot corpul.

-Important e să-i eliminăm infecția. Partea dreaptă este mai puțin vascularizată.

-Bietul de el. Ce s-a putut întâmpla, nu înțeleg. A fost un adevărat miracol că n-a murit și el, îl mângâie asistenta șefă.

-Pacientul și-a recăpătat cunoștiința vreun moment?

-Da. A vorbit cu mine, răspunde asistenta Clara.

-S-a exprimat normal? Ați observat că avea vreo dificultate?

-S-a plâns de o durere mare de cap și i-am injectat un sedativ pentru a o elimina.

-Bine.

-Este totul pregătit pentru operație, domnule profesor.

-Perfect.

Era însă prea târziu stopul cardio-respirator deja se instalase, pacientul își pierduse conștiența, era absent pulsul la arterele mari, carotidă și femurală și a zgomotelor cardiace.

Paloarea urmată brusc de cianoză se produsese, diametrul pupilelor a crescut.

Medicii s-au străduit să îl resusciteze pe doctoral Marian, dar nu au reușit. Decesul s-a produs.

* * *

Există o mare mângîiere în inima celui care a izbutit să facă un bine cuiva, așa cum la fel se întâmplă și cu cel care a făcut un mare rău sau un păcat.

Păcatul se înscrie ca o pecete neagră pe chipul omului. Nu poate fi ascuns.

Dacă un om e ros de un viciu, lucrul acesta se vede ușor în trăsăturile din jurul gurii, în felul cum îi atârnă pleoapele.

Cel care a făcut un bine are însă un chip luminos. Evident, spunând aceasta nu spun cine știe ce noutate, dar o notez pentru simplul fapt că avocata Dana Deac și Eliza Vancea s-au bucurat de un asemenea sentiment în clipa când i-au putut spune lui Sebastian și Feliciei Dima marea veste, că au depistat cine l-a înjunghiat pe Ligiu, precum și siguranța avocatei că Eliza poate să revină la locul ei de muncă.

La început, uimirea părinților a fost atât de imensă, că nici nu le-au crezut.

Tatăl Elizei, tăcut se plimba de la un capăt la altul al sufrageriei.

„Ce tip elegant! Și totuși, se întreba Dana, de unde preocuparea pentru o ținută atât de distinsă, din moment ce nici o femeie nu-l mai interesează, o avea alături pe soția lui de peste treizeci de ani? Pantofii lui de piele par a se cufunda în lâna covorului. Poartă un costum gri închis, care-i cade impecabil."

Vestea pe care au primit-o era într-adevăr covârșitoare.

Între el, soție și fiicele lor nu mai e acum vagul, nebulozitatea, ci un fir roșu, incandescent, prin care va trece, clipă de clipă, un anumit curent, până ce vor fi din nou ei înșiși, cei de ieri, dacă nu cumva se va produce, pe parcurs, vreun nou scurtcircuit, lăsându-i iar în întuneric.

La un moment dat, plimbarea lui a încetat. Soția îi face un semn.

-Mașina! spune el sec.

Iar către avocată:

Iartă-mă! Te-am neglijat. Mă luaseră niște gânduri... Se așează alături de Eliza.

Parcă abia acum vede cafeaua și soarbe puțin.

-Vezi cât de repede se duce viața? spune el. Și mai ales ce salturi face parșiva? Cât mister. Habar n-am ce simt alții, dar pe mine gândul la viteza cu care se duce mă deprimă. Am snzația că uneori ne mințim prostește. Știm jocul acesta fals, dar ne facem că nu-l știm. Uneori suntem purtați într-un fel de devălmășie de șuvoiul unor lucruri atât de comune, că nici nu mai facem comparații, și abia de ne mai gândim că există un eu sau un tu, și în această stare, căreia i-aș zice fără sfială inconștiență, obținem cea mai deplină libertate față de vicisitudini, dând la o parte buruienile ce se întind la gura canalelor subterane. Uneori facem salturi bizare, ca ale peștelui care înfruntă șuvoiul râului atunci când se străduiește să ajungă acolo unde își va depune icrele. Noi facem însă saltul ca să ajungem la un anumit țel, să prindem un tren mai rapid, ca să ajungem acolo unde ne este gândul, și uneori și prindem acel tren, numai că ignorăm sau ne facem că nu știm că el ne va duce nu acolo unde credem și nu acolo unde am fi vrut, ci foarte adesea spre locul din urmă, spre un fel de

Waterloo.

„Ciudată această dispoziție a lui Sebastian Dima, cam sumbră, în momentul când îi aduceam vești despre acea noapte de coșmar, sau poate că tocmai ele, veștile, îl predispuneau, paradoxal, la asemenea gânduri" își spune Dana.

Tocmai atunci soția îl anunță că îl așteaptă mașina.

Dar Sebastian Dima păru că nici nu aude. Parcă amintindu-și brusc de ceva, a rămas alături de fiica sa și de avocată.

-Dana, vrei să mai rămâi cu noi?

-În cazul în care nu vă deranjează prezența mea aș mai rămâne.

-Nu pleca Felicia, rămâi aici cu noi. Fetelor, voi credeți că asemenea gânduri sunt un fel de ecouri ascunse în noi – reia el firul vorbei - ecouri născute din amintiri, sentimente, descifrate numai din niște vechi imagini uitate în noi, dar nu e așa. Amintirea simplă nu are niciun cuvânt. Tot ce vă spun vine din existența reală, trăită cu intensitate și rămasă în mine definitiv. Așa s-a întâmplat și când am început s-o iubesc cu adevărat pe Felicia. A apărut un chip care m-a fascinat, asta a fost doar începutul, care ar fi dispărut, probabil, dacă nu s-ar fi întâmplat să întâlnesc parfumul ei. Ciudat, nu? Dar ce nu e ciudat în existența noastră? Era un parfum pe care mi se părea că-l mai întâlnisem. Dar nu știam unde. Mi-a alunecat sub nări în clipa când s-a apropiat de mine. Nu era un parfum feminin, nu era nici măcar un parfum uman, ci un fel de esență necunoscută, apropiat mai mult de ceea ce se degajă din fumul de tămâie sau de smirnă. Am înțeles atunci că ceea ce simțeam își avea sursa în chiar amintirile mele de pe timpul copilăriei sau al primelor zile ale adolescenței și am știut că-n esența acelui parfum era și ceva din aroma adâncă și discretă a... Viața mea de până atunci nu fusese atât de stearpă. Eram avizat oarecum de puterea și farmecul unei femei, dar ceea ce s-a petrecut cu mine atunci, nu știu... Ceea ce pot spune este că tot ce credeam eu că știu – și poate că și știusem ceva! – despre dragoste şi voluptate şi suferinţă, îmi apărea acum... Mi-e greu să descriu emoţia acelor momente. O fericire calmă şi-n acelaşi timp violentă, în faţa căreia sufletul nu opunea nicio rezistenţă, ceva ce depăşea orice adiere de senzualism, un fel de stare de har, dacă vreţi... Noi doi vom fi nedespărţiţi, nu-i aşa Felicia?

-Aşa este, dragul meu, iar o dată cu această nenorocire prin care a trecut biata Eliza, sper să uităm de toate necazurile. Nu-i aşa scumpa mea?

Părinţii îşi strâng în braţe cu duioşie fiica, în timp ce lacrimile de pe obrajii Danei se îmbrăţişează sub barbă.

* * *

Procesul era încheiat de acum.

Eliza nu mai avea nicio vină, doar aceea că şi-l alesese drept soţ pe fratele Danei.

Dar şi acest lucru se putea rezolva. Dana a fost cea care i l-a prezentat Elizei pe unul dintre colegii ei, pe avocatul Paul Moga, cel care a apărat-o pe ea în proceasul de divorţ.

Erau amândouă în parc şi s-au întâlnit întâmplător.

Cu părul răvăşit, cu cămaşa şifonată la spate de la scaunul maşinii, dar cu acelaşi zâmbet cald şi ochii strălucitori, Paul s-a bucurat când a cunoscut-o pe Eliza Dima, prietena colegei lui, Dana Deac.

Eliza a avut prima senzaţie să-i treacă mâna prin păr să-l aranjeze. Era castaniu deschis şi cu onduleuri mari. Îi cădea pe fruntea lată şi îi acoperea urechile. Când s-a aplecat să îi sărute mâna Eliza şi-a spus zâmbind, "primul bărbat fără burtă, la vârsta lui."

Era genul de om care emana căldură. Nu ţi-l puteai imagina că ar fi capabil să supere pe cineva sau să te superi pe el.

S-a întors spre Dana şi a sărutat-o pe frunte.

* * *

Când a ajuns pe malul mării era înspre asfințit. Soarele, care mai toată ziua aceea de plină vară își lepădase căldura, risipindu-și razele fierbinți asupra pământului, părea acum istovit, și se cufunda lent în mare, dispărând între cele două imensități albastre. Totul în jur era cuprins de o liniște adâncă, iar spuma valurilor, care mai clipoceau încă, i s-a părut și ea palidă și își lăsa din loc în loc câte o fâșie sidefie pe nisipul pur ca o pânză de brumă.

Eliza era obosită de drum și de zăpușeala orelor de călătorie, dar nu asta o făcea să nu se bucure de contactul cu marea care i se deschidea în față, cât frământările din ultima vreme. Se întreba mereu:

„Cam la ce soluții să mai apelez și ce punte de legătură mai bună să aflu ca să nu dau greș. Cum să fac să adun toate aspectele firești – dar toate! – îndrumându-le pe un singur fir înțelept, care să lege totul așa cum trebuie?" Cu astfel de gânduri, Eliza intră în sfârșit în apa mării.

„Sunt caraghios de singură, fiindcă e destul de târziu și mă bălăcesc aici, undeva, mai la margine, încercând să-mi mângîi privirea cu întinderea lichidă și fără de hotar peste care încă mai zvâcnesc pescărușii" și spune.

Soarele a coborât și mai mult spre orizont.

Raze galbene și roșii, rapide și împletite cu umbre, săgetează valurile. Din adâncuri izvorăsc alte raze, la răstimpuri, și se pierd pe suprafața apei, ca și cum ar fi semnale venite de pe insule scufundate, dar când se apropie de mal valurile le leapădă și cad sub o adiere de vânt, numai atât cât să încrețească suprafața marină, apoi încetează și această adiere și marea respiră parcă adânc, obosită.

Pentru a vorbi cu tine însuți sau chiar cu altcineva, în gând, nu e greu. Și asta fiindcă pur și simplu nu ai nevoie să-ți formulezi cine știe ce fraze, dar folosești în schimb un imens număr de senzații, de stări psihice, de reprezentări, de imagini, care toate se nasc spontan.

Gândirea noastră are o structură aparte, proprie, care, alcătuindu-se spontan, nu devenim conștienți de formele ei prin simplul fapt că ele există.

Dificultatea apare însă abia atunci când, pentru a comunica altcuiva ce gândești, ești obligat să transformi toate aceste elemente ale gândirii, ale trăirii tale interioare, în elemente, în structuri de limbaj.

„Stau singură aici, la țărmul mării, își spune Eliza, și scrutez întinderile, încercând să descopăr ceva, dar parcă înadins totul a încetat să se mai miște împrejur. Doar respirația, ampla respirație marină, și din când în când un zvâcnet spintecă scurt apele ca o aripioară înotătoare. Percepția este însă pur vizuală și nu aparține niciunei secvențe logice; ea apare și dispare, așa cum ar apărea la orizont aripa unui delfin. Impresiile acestea vizuale sunt niște constatări simple, pe care cândva, cine știe când, le vor scoate la iveală niște amintiri. Atunci le voi învălui probabil în cuvinte alese și frumoase, dar acum nu pot să scriu și nici nu am cu ce."

Era liniștită. A ajuns în cameră și a făcut un duș, a coborât la masă și după ce s-a întors a scos un scaun pe balcon.

„Cerul nopții e divin. Miile de galaxii cresc în intensitate. E una dintre acele frumuseți ale naturii care-ți taie răsuflarea. Nu-i oare aceasta adevărata fericire?" a murmurat și gândul ei era acum la cel pe care îl aștepta să vină.

* * *

O noua zi, un nou răsărit de soare și un nou vis care se naște în sufletul Elizei.

O speranță veche renaște și o simte puternic cum bate din aripi și dorește să nu o abandoneze. Să se lase purtată de val?....

„Mai sunt câteva ore și Paul va fi aici, împreună cu mine", își spune și un fior îi străbate tot corpul.

O voce îi şoptea: Haide e de ajuns să fii doar tu, trebuie să trăieşti din plin...

Sfârşit

Cărți apărute la Editura Reflection Publishing
de Rodica Elena Lupu
(cărțile se găsesc la *Amazon* și *Barnes and Noble*)

ISBN 978-1-936629-33-6

Reflection Publishing
P.O. Box 2182
Citrus Heights, California 95611-2182
E-mail: info@reflectionbooks.com
Tel/message: (916) 604-6707
www.reflectionbooks.com

www.ingramcontent.com/pod-product-compliance
Lightning Source LLC
LaVergne TN
LVHW051829080426
835512LV00018B/2783